SUR L'HOMME

ET LE DÉVELOPPEMENT

DE SES FACULTÉS.

SE VEND A BRUXELLES :

Chez Ve Demát ;
     Hauman et Cie, rue Neuve ;
     Hayez ;
     Périchon, rue des Alexiens ;
     Tircher.

ET A BORDEAUX :

Chez Gassiot, libraire, Fossés de l'Intendance, n° 61.

SUR L'HOMME

ET LE

DÉVELOPPEMENT DE SES FACULTÉS,

ou

ESSAI DE PHYSIQUE SOCIALE;

PAR A. QUETELET,

Secrétaire perpétuel de l'Académie royale de Bruxelles, Correspondant de l'Institut de France, de la Société royale astronomique de Londres, des Académies royales de Berlin, de Turin, etc.

> Appliquons aux sciences politiques et morales la méthode fondée sur l'observation et sur le calcul, méthode qui nous a si bien servi dans les sciences naturelles.
> LAPLACE, *Essai ph. sur les probabilités.*

TOME PREMIER.

PARIS,

BACHELIER, IMPRIMEUR-LIBRAIRE,

QUAI DES AUGUSTINS, Nº 55.

1835

IMPRIMERIE DE BACHELIER,

rue du Jardinet, n° 12.

L'ouvrage que je présente au public, est en quelque sorte le résumé de tous mes travaux antérieurs sur la statistique. Il se compose de deux parties bien distinctes : les trois premiers livres ne renferment que des faits ; le quatrième contient mes idées sur la théorie de l'homme moyen et sur l'organisation du système social. Cette dernière partie est entièrement indépendante de la première ; j'ai tâché de la resserrer le plus possible, et trop peut-être pour ne pas avoir à craindre d'être mal compris dans l'exposé d'une théorie qui pourra froisser bien des opinions. J'ose croire cependant que l'on trouvera quelque attrait dans ces recherches, et des solutions naturelles de plusieurs questions importantes qui ont été agitées dans ces derniers temps. Quelle que soit du reste l'idée qu'on s'en forme, j'ai trouvé une bien douce récompense de plusieurs années de travaux pénibles, dans les relations bienveillantes et amicales qu'ils m'ont procurées avec la plupart des savans dont les ouvrages ont le plus contribué à l'avancement de la statistique; aussi je leur offre ces recherches comme un témoignage de ma reconnaissance.

Je dois particulièrement des remercîmens à mon savant ami, M. le docteur Villermé, qui, avec une obligeance extrême, a bien voulu se charger de surveiller, pendant mon absence, l'impression de la majeure partie de cet ouvrage.

Bruxelles, le 15 avril 1835.

QUETELET.

TABLE DES MATIÈRES.

—————

INTRODUCTION.

LIVRE PREMIER.

DÉVELOPPEMENT DES QUALITÉS PHYSIQUES DE L'HOMME.

CHAPITRE PREMIER.

Des naissances en général et de la fécondité.

CHAPITRE II.

Des influences des causes naturelles sur le nombre des naissances.

CHAPITRE III.

De l'influence des causes perturbatrices sur le nombre des naissances.

CHAPITRE IV.

CHAPITRE V.

De l'influence des causes naturelles sur les décès.

CHAPITRE VI.

De l'influence des causes perturbatrices sur le nombre des décès.

CHAPITRE VII.

mière connaissance approximative de la faculté productive
des peuples. — Nécessité de connaître les moyens de subsistance de l'habitant. — Applications des lois de la population à l'Angleterre et aux États-Unis. — Accroissemens de
la population en Europe. — Causes d'erreur. — Deux théo-
rèmes relatifs aux mouvemens de la population.

Nombre des ménages et des maisons, dans une population. —
Rapport des hommes aux femmes. — Nombre des célibataires, des mariés, des veufs. — Tables de population pour
la Belgique. — Des erreurs que l'on fait, en déduisant les tables de population des tables de mortalité. — Conditions
pour que cette déduction puisse avoir lieu.

Le chiffre seul des naissances est insuffisant pour mesurer la prospérité d'un peuple. — Le chiffre des décès est préférable.
Il peut donner des indications fautives, de même que le chiffre
de la vie moyenne. — Distinction importante à faire sous le
rapport de l'économie politique. — Distribution des populations dans leurs élémens utiles et dispendieux. — Distinctions importantes à établir, pour tout ce qui concerne les
pays où la population est croissante. — Résumé de ce qui
précède.

SUR L'HOMME

ET

LE DÉVELOPPEMENT DE SES FACULTÉS,

OU

ESSAI DE PHYSIQUE SOCIALE.

~~~~~~

INTRODUCTION.

Du développement de l'homme physique et moral.

L'homme naît, se développe, et meurt d'après certaines lois qui n'ont jamais été étudiées dans leur ensemble ni dans le mode de leurs réactions mutuelles. Des recherches plus ou moins complètes sur quelques-unes de ces lois, des résultats déduits d'observations isolées, et des théories souvent basées sur de simples aperçus, tels sont à peu près tous les matériaux que nous présente la science de l'homme. Cependant ce qui tient à la reproduction et à la mortalité a fait, depuis près de deux siècles, l'objet des

études constantes de plusieurs savans distingués : on a soigneusement recherché l'influence
qu'exerce sur les naissances et les décès la différence des âges, des sexes, des professions, des
climats, des saisons; mais en s'occupant de la
viabilité de l'homme, on n'a pas fait marcher de
front l'étude de son développement physique; on
n'a point recherché numériquement comment il
croît sous le rapport du poids ou de la taille, comment se développent ses forces, la sensibilité de
ses organes et ses autres facultés physiques; on n'a
point déterminé l'âge où ces facultés atteignent
leur *maximum* d'énergie, celui où elles commencent à baisser, ni leurs valeurs relatives aux
différentes époques de la vie, ni le mode d'après
lequel elles s'influencent, ni les causes qui les
modifient. On ne s'est guère occupé davantage
d'étudier le développement progressif de l'homme
moral et intellectuel, ni de reconnaître comment,
à chaque âge, il est influencé par l'homme physique, ni comment, lui-même, il lui imprime
son action. Ce beau sujet de recherches est resté,
pour ainsi dire, intact.

Il est évident que je n'entends point parler ici
des sciences spéculatives qui, depuis long-temps,
ont exploité, avec une admirable sagacité, la
plupart des questions qui étaient à leur portée
et qu'elles pouvaient aborder directement, en

se tenant en dehors de l'appréciation numérique des faits. La lacune qui reste à remplir
appartient aux sciences d'observation: soit en
effet défiance de ses propres forces, soit répugnance à regarder comme soumis à des lois ce
qui semble le résultat des causes les plus capri-
cieuses, dès qu'on s'occupait des phénomènes
moraux, on croyait devoir abandonner la
marche suivie dans l'étude des autres lois de la
nature. Il faut convenir d'ailleurs que les observations qui ont pour objet la science de
l'homme, présentent des difficultés trop grandes,
et, afin de mériter la confiance, doivent être
recueillies sur une échelle trop étendue pour
que des savans isolés puissent les entreprendre.
Aussi ne doit-on point s'étonner de manquer
de données sur l'accroissement du poids et de
la taille que prend l'homme à partir de sa naissance, de ne pas connaître même le développement de sa force, et de devoir s'en tenir encore
à de simples aperçus sur des points aussi intéressans.

L'étude du développement des qualités intellectuelles, leur appréciation surtout, semblent
présenter des difficultés plus grandes encore.
Ces difficultés existent en effet; mais, comme
nous le verrons par la suite, elles sont plus
apparentes que réelles.

Quant au physique, on admet volontiers que son développement dépend de l'action de la nature et se trouve soumis à des lois qui, dans certains cas, peuvent être déterminées, même d'une manière numérique. Mais il n'en est plus ainsi quand il s'agit du moral, ou de facultés dont l'exercice demande l'intervention de la volonté; il semble même qu'il y ait absurdité à rechercher des lois partout où existe l'influence d'une cause aussi capricieuse et aussi anomale. C'est pourquoi, en se livrant à l'étude de l'homme, on se trouve arrêté, dès les premiers pas, par une difficulté qui paraît insurmontable. Cette difficulté se rattache principalement à la solution d'une question que nous allons examiner.

Les actions de l'homme sont-elles soumises à des lois?

Il serait impossible de résoudre une pareille question *à priori;* si nous voulons procéder d'une manière sûre, c'est dans l'expérience qu'il faut en chercher la solution.

Nous devons, avant tout, perdre de vue l'homme pris isolément, et ne le considérer que comme une fraction de l'espèce. En le dépouillant de son individualité, nous éliminerons tout ce qui n'est qu'accidentel; et les particularités individuelles qui n'ont que peu ou point d'action sur la masse s'effaceront d'elles-mêmes, et permettront de saisir les résultats généraux.

Ainsi, pour rendre notre manière de procéder sensible par un exemple, celui qui examinerait de trop près une petite portion d'une circonférence très grande, tracée sur un plan, ne verrait dans cette portion détachée qu'une certaine quantité de points physiques, assemblés d'une manière plus ou moins bizarre, plus ou moins arbitraire, et comme au hasard, quel que fût d'ailleurs le soin avec lequel la ligne aurait été tracée. En se plaçant à une distance plus grande, son œil embrasserait un plus grand nombre de points, qu'il verrait se distribuer déjà avec régularité sur un arc d'une certaine étendue ; bientôt, en continuant à s'éloigner, il perdrait de vue chacun d'eux individuellement, n'apercevrait plus les arrangemens bizarres qui se trouvent accidentellement entre eux, mais saisirait la loi qui a présidé à leur arrangement général, et reconnaîtrait la nature de la courbe tracée. Il pourrait se faire même que les différens points de la courbe, au lieu d'être des points matériels, fussent de petits êtres animés, libres d'agir à leur gré dans une sphère très circonscrite, sans que ces mouvemens spontanés fussent sensibles en se plaçant à une distance convenable.

C'est de cette manière que nous étudierons les lois qui concernent l'espèce humaine ; car en les examinant de trop près, il devient impossible de les saisir, et l'on n'est frappé que des particularités individuelles, qui sont infinies. Dans le cas même où les individus seraient exactement semblables entre eux, il pourrait arriver qu'en les considérant séparément, on ignorât à jamais les lois les plus curieuses auxquelles ils sont soumis sous certaines influences. Ainsi, celui qui n'aurait jamais étudié la marche de la lumière que dans des gouttes d'eau prises isolément, ne s'élèverait qu'avec peine à la conception du brillant phénomène de l'arc-en-ciel ; peut-être même l'idée ne lui en viendrait jamais s'il ne se trouvait accidentellement dans des circonstances favorables pour l'observer.

Quelles seraient nos connaissances sur la mortalité de l'espèce humaine, si l'on n'avait observé que des individus ? Au lieu des lois admirables auxquelles elle est soumise, nous n'aurions aujourd'hui qu'une série de faits incohérens qui ne permettraient de supposer aucune suite, aucun ordre dans la marche de la nature.

Ce que nous disons de la mortalité de l'homme peut s'entendre de ses facultés physiques et même

de ses facultés morales. Si nous voulons acquérir la connaissance des lois générales auxquelles ces dernières sont soumises, nous devons réunir des observations en assez grand
nombre pour que tout ce qui n'est pas purement accidentel s'en trouve éliminé. Si, pour
faciliter cette étude, on pouvait enregistrer
toutes les actions des hommes, on devrait s'attendre à voir, d'une année à l'autre, les nombres varier dans des limites tout aussi larges que
les caprices de la volonté. Cependant ce n'est
pas ce qu'on observe, du moins pour la classe
des actions qu'on est parvenu à enregistrer jusqu'à présent. Je ne citerai qu'un seul exemple,
mais il mérite l'attention des philosophes.

Dans tout ce qui se rapporte aux crimes, les
mêmes nombres se reproduisent avec une constance telle, qu'il serait impossible de la méconnaître, même pour ceux des crimes qui sembleraient devoir échapper le plus à toute prévision
humaine, tels que les meurtres, puisqu'ils se commettent, en général, à la suite de rixes qui naissent sans motifs, et dans les circonstances, en
apparence, les plus fortuites. Cependant l'expérience prouve que non-seulement les meurtres
sont annuellement à peu près en même nombre,
mais encore que les instrumens qui servent à les
commettre sont employés dans les mêmes pro-

portions. Que dire alors des crimes que prépare
la réflexion? (1)

Cette constance avec laquelle les mêmes crimes
se reproduisent annuellement dans le même ordre
et attirent les mêmes peines dans les mêmes proportions, est un des faits les plus curieux que
nous apprennent les statistiques des tribunaux;
je me suis particulièrement attaché à la mettre

---

(1) Voici les résultats des comptes généraux de la justice criminelle en France, etc.

	1826	1827	1828	1829	1830	1831
Meurtres en général....	241	234	227	231	205	266
Fusil et pistolet......	56	64	60	61	57	88
Sabre, épée, stylet, poignard, etc........	15	7	8	7	12	30
Couteau............	39	40	34	46	44	34
Bâton, canne, etc....	23	28	31	24	12	21
Pierres............	20	20	21	21	11	9
Instrumens tranchans, piquans et contondans............	35	40	42	45	46	49
Strangulations.......	2	5	2	2	2	4
En précipitant et noyant...........	6	16	6	1	4	3
Coups de pied et de poing...........	28	12	21	23	17	26
Le feu............	»	1	»	1	»	»
Inconnus..........	17	1	2	»	2	2

en évidence dans mes différens écrits (2); je n'ai cessé de répéter chaque année : *Il est un budget qu'on paie avec une régularité effrayante, c'est celui des prisons, des bagnes et des échafauds; c'est celui-là surtout qu'il faudrait s'attacher à réduire;* et, chaque année, les nombres sont venus confirmer mes prévisions, à tel point, que j'aurais pu dire, peut-être avec plus d'exactitude : Il est un tribut que l'homme acquitte avec plus de régularité que celui qu'il doit à la nature ou au trésor de l'État, c'est celui qu'il paie au crime!

---

(2) Voyez page 43 des *Recherches statistiques, etc.*, 1829; page 178 du tome V de la *Corresp. mathématique;* page 214 du même recueil, dans des observations *sur la constance qu'on observe dans le nombre des crimes qui se commettent;* page 80 des *Recherches sur le penchant au crime;* etc. Après avoir répété identiquement les mêmes paroles tant de fois et j'oserais dire à satiété, je ne m'attendais pas, je l'avoue, à lire en 1833, dans l'*Essai sur la Statistique morale de la France,* dont l'auteur m'honorait de sa correspondance et connaissait mes ouvrages : « Chaque année voit se reproduire le même nombre de crimes dans le même ordre, dans les mêmes régions. Chaque classe de crimes a sa distribution particulière et *invariable,* par sexe, par âge, par saison; tous sont accompagnés dans des proportions pareilles, de faits accessoires, indifférens en apparence, et dont rien encore n'explique le retour.... Il importe de donner des exemples de cette fixité, de cette constance dans la reproduction des faits

Triste condition de l'espèce humaine! Nous pouvons énumérer d'avance combien d'individus souilleront leurs mains du sang de leurs semblables, combien seront faussaires, combien empoisonneurs, à peu près comme on peut énumérer d'avance les naissances et les décès qui doivent avoir lieu.

La société renferme en elle les germes de tous les crimes qui vont se commettre, en même temps que les facilités nécessaires à leur développement. C'est elle, en quelque sorte, qui prépare ces crimes, et le coupable n'est que l'instrument qui les exécute. Tout état social suppose donc un certain nombre et un certain ordre de délits qui résultent comme conséquence nécessaire de son organisation. Cette observation, qui peut paraître décourageante au premier abord, devient consolante au contraire quand on l'examine de près, puisqu'elle montre la possibilité d'améliorer les hommes, en modifiant leurs institutions, leurs habitudes, l'état de leurs lumières, et, en général, tout ce qui influe sur leur manière d'être. Elle ne nous présente, au fond, que l'extension d'une loi déjà

---

jusqu'ici considérés comme insaisissables dans leur ensemble, et comme n'étant assujettis à aucune loi. » Je ferai seulement observer que je n'ai jamais dit que le nombre des crimes fût *invariable.* Je crois au contraire à la perfectibilité de l'espèce humaine.

bien connue de tous les philosophes qui se sont
occupés de la société sous le rapport physique :
c'est que tant que les mêmes causes subsistent, on
doit attendre le retour des mêmes effets. Ce qui
pouvait faire croire qu'il n'en était pas de même
des phénomènes moraux, c'est l'influence trop
grande qu'on a généralement supposée de tout
temps à l'homme dans tout ce qui se rapporte à
ses actions. C'est un fait remarquable dans l'histoire des sciences, que, plus les lumières se sont
développées, plus on a vu se resserrer la puissance qu'on attribuait à l'homme. Ce globe, dont
il était l'orgueilleux possesseur, n'est devenu,
aux yeux de l'astronome, qu'un grain de poussière flottant inaperçu dans l'espace; un tremble-
ment de terre, une tempête, une inondation, suffisent pour faire disparaître, en un instant, un
peuple entier ou détruire l'ouvrage de vingt siècles. D'une autre part, quand l'homme semble
plus livré à ses propres actions, on le voit tous les
ans payer à la nature un tribut régulier de naissances et de décès. Dans la régularité avec laquelle il reproduit le crime, nous voyons aujour-
d'hui se rétrécir de nouveau le champ dans lequel s'exerce son activité individuelle. Mais si
chaque pas dans la carrière des sciences semble
lui enlever une partie de son importance, il
donne aussi une idée plus grande de sa puissance

intellectuelle, qui a su pénétrer des lois qui semblaient devoir rester à jamais inaperçues; et, sous ce rapport, son orgueil a tout lieu d'être satisfait.

Ainsi, les phénomènes moraux, quand on observe les masses, rentreraient en quelque sorte dans l'ordre des phénomènes physiques; et nous serions conduits à admettre comme principe fondamental dans les recherches de cette nature, que *plus le nombre des individus que l'on observe est grand, plus les particularités individuelles, soit physiques, soit morales, s'effacent et laissent prédominer la série des faits généraux en vertu desquels la société existe et se conserve.* Il n'est donné qu'à peu d'hommes, doués d'une puissance de génie supérieure, d'imprimer une action sensible au système social; et encore cette action exige souvent un temps considérable pour transmettre pleinement son effet.

Si l'action modificative des hommes se communiquait immédiatement au système social, toute espèce de prévision deviendrait impossible, et l'on chercherait vainement dans le passé des leçons pour l'avenir. Mais il n'en est pas ainsi : quand des causes actives ont pu s'établir, elles exercent une action sensible long-temps même après qu'on a cherché à les combattre et à les détruire; on ne saurait donc apporter assez de soin à les signaler et à développer les moyens les plus efficaces pour les modifier d'une manière utile. Cette réaction de l'homme sur lui-même est une de ses plus nobles attributions ; c'est le champ le plus beau dans lequel puisse se déployer son activité. Comme membre du corps social, il subit à chaque instant la nécessité des causes et leur paie un tribut régulier ; mais, comme homme, usant de toute l'énergie de ses facultés intellectuelles, il maîtrise en quelque sorte ces causes, modifie leurs effets, et peut chercher à se rapprocher d'un état meilleur.

Comment il convient d'étudier et d'interpréter les lois relatives à l'homme.

Nous venons de voir que, non-seulement dans ce qui tient à ses qualités physiques, mais même dans ce qui se rapporte à ses actions, l'homme se trouve sous l'influence de causes dont la plupart sont régulières et périodiques ; et ont des effets également réguliers et périodiques. On peut, par une étude suivie, déterminer ces causes et leur mode d'action, ou les lois auxquelles elles donnent naissance ; mais, comme il a été dit, on doit, pour y réussir, étudier les masses, afin d'éliminer des observations tout ce qui n'est que fortuit ou individuel. Le calcul des probabilités montre que, toutes choses égales, on se rapproche d'autant plus de la vérité ou des lois que l'on veut saisir, que les observations embrassent un plus grand nombre d'individus.

Ces lois, par la manière même dont on les a déterminées, ne présentent plus rien d'individuel; et par conséquent, on ne saurait les appliquer aux individus que dans de certaines limites. Toutes les applications qu'on voudrait en faire à un homme en particulier seraient essentiellement fausses; de même que si l'on prétendait déterminer l'époque à laquelle une personne doit mourir, en faisant usage des tables de mortalité.

De pareilles tables, pour des cas particuliers, ne peuvent donner que des valeurs plus ou moins approchées, et le calcul des probabilités montre encore ici que les résultats qu'on en déduit, et les résultats que l'on observe, s'accordent d'autant mieux qu'ils se rapportent à plus d'individus. Ainsi, quoique les tables de mortalité ne nous apprennent rien de directement applicable à un individu, cependant elles présentent des résultats très sûrs quand on considère un grand nombre de personnes; et c'est sur ces résultats généraux que les sociétés d'assurances basent leurs bénéfices annuels.

Il s'agit donc de bien s'entendre sur la nature et la valeur des lois que nous nous proposons de rechercher; c'est le corps social que nous avons en vue d'étudier, et non les particularités qui distinguent les individus dont il se compose. Cette étude intéresse surtout le philosophe et le législateur; le littérateur et l'artiste, au contraire, s'attacheront de préférence à saisir ces particularités, que nous tâchons d'éliminer de nos résultats, et qui donnent de la physionomie et du pittoresque à la société.

Du reste, les lois qui se rapportent à la manière d'être du corps social ne sont pas essentiellement invariables : elles peuvent changer avec la nature des causes qui leur donnent naissance : ainsi les progrès de la civilisation ont nécessairement fait changer les lois relatives à la mortalité, comme ils doivent influer aussi sur le physique et le moral de l'homme. Les tables que l'on a construites sur l'intensité du penchant au crime aux différens âges, quoique ayant présenté, depuis plusieurs années, à peu près identiquement les mêmes résultats pour la France, peuvent se modifier graduellement; c'est même vers cette modification que les amis de l'humanité doivent tourner leur attention. L'étude du corps social que nous avons en vue, a pour objet de ne plus abandonner à une espèce d'empyrisme ce sujet important, mais d'offrir les moyens de reconnaître directement les causes qui influent sur la société, et de mesurer même l'influence qu'elles exercent.

Ces causes, une fois reconnues, ne présentent point de changemens brusques dans leurs variations, comme nous l'avons déjà fait observer; mais elles se modifient graduellement. On peut juger par la connaissance du passé, de ce qui doit arriver prochainement; nos conjectures peuvent même, dans beaucoup de circonstances, embrasser une période de plusieurs années, sans qu'on ait à craindre que l'expérience apporte des résultats qui sortent de certaines limites que l'on peut également assigner d'avance. Ces limites deviennent naturellement d'autant plus larges que nos prévisions embrassent un plus grand nombre d'années.

Des causes qui influencent l'homme.

Les lois qui président au développement de l'homme et qui modifient ses actions, sont, en général, le résultat de son organisation, de ses lumières, de son état d'aisance, de ses institutions, des influences locales, et d'une infinité d'autres causes toujours très difficiles à saisir, et dont plusieurs ne nous seront probablement jamais connues.

Parmi toutes ces causes influentes, les unes

sont purement physiques, les autres sont inhérentes à notre espèce. L'homme, en effet, possède en lui des forces morales qui lui assurent l'empire sur tous les êtres de l'univers; mais leur destination forme un problème mystérieux dont la solution semble devoir nous échapper à jamais. C'est par ses forces morales que l'homme se distingue des animaux, qu'il jouit de la faculté de modifier, du moins d'une manière apparente, les lois de la nature qui le concernent, et que, peut-être, en déterminant un mouvement progressif, il tend à se rapprocher d'un état meilleur (1).

Ces forces qui caractérisent l'homme sont des *forces vives* de leur nature; mais agissent-elles d'une manière constante, et l'homme à toutes

---

(1) Buffon expose très bien la puissance de l'homme pour modifier les ouvrages de la nature : « Tous ces exemples modernes et récens prouvent que l'homme n'a connu que tard l'étendue de sa puissance, ajoute-t-il, et que même il ne la connaît pas encore assez; elle dépend en entier de l'exercice de son intelligence; ainsi plus il observera, plus il cultivera la nature, plus il aura de moyens pour se la soumettre.....; et que ne pourrait-il pas sur lui-même, je veux dire sur sa propre espèce, si la volonté était toujours dirigée par l'intelligence! Qui sait à quel point l'homme pourrait perfectionner sa nature, soit au moral, soit au physique? etc. » (*Époques de la Nature.*)

les époques en a-t-il toujours eu la même quantité? en un mot, existe-t-il quelque chose d'analogue au principe de la conservation des forces vives dans la nature? Quelle est d'ailleurs leur destination ? peuvent-elles influer sur la marche du système ou compromettre son existence? ou bien, comme les forces internes d'un système, ne peuvent-elles modifier en rien sa trajectoire ou les conditions de sa stabilité? L'analogie porterait à croire que, dans l'état social, on peut s'attendre à retrouver, en général, tous les principes de conservation qu'on observe dans les phénomènes naturels.

Les plantes et les animaux paraissent obéir comme les mondes aux lois immuables de la nature, et ces lois se vérifieraient sans doute avec la même régularité pour les uns et pour les autres, sans l'intervention de l'homme, qui exerce sur lui-même et sur tout ce qui l'entoure, une véritable *action perturbatrice*, dont l'intensité paraît se développer en raison de son intelligence, et dont les effets sont tels, que la société ne se ressemble pas à deux époques différentes.

Il serait important de chercher à déterminer dans toutes les lois relatives à l'espèce humaine, ce qui appartient à la nature, et ce qui appartient à la force perturbatrice de l'homme. Il paraît au moins certain, que les effets de cette

force sont lents, et on pourrait les nommer *per-*
turbations séculaires. Quels qu'ils soient, s'ils
se développaient avec beaucoup de rapidité,
nous ne pourrions, avec le peu d'élémens que
nous possédons pour le passé, en tirer un grand
avantage pour l'avenir.

Il faudrait donc, comme le font les astronomes
dans la théorie des constantes arbitraires, et
comme l'ont fait les premiers statisticiens qui se
sont occupés de calculer les lois de la mortalité
humaine, faire abstraction, dans une première
recherche, des effets de la force perturbatrice,
et y avoir égard ensuite quand une longue série
de documens permettra de le faire.

Ainsi, pour développer ma pensée, on a calculé diverses tables de mortalité, et l'on a vu
dès lors que la vie humaine varie dans sa durée
moyenne pour les différens pays et même pour
des provinces très rapprochées. Mais ces inégalités
pouvaient dépendre autant de la nature du climat que de l'homme même; il s'agissait donc de
déterminer ce qui appartenait à l'une et à l'autre.
On pouvait, à cet effet, choisir un ensemble de
circonstances telles, que les forces de la nature
demeurassent constantes; et si les résultats obtenus à différentes époques restaient également
identiques, il devenait naturel de conclure que
la force perturbatrice de l'homme était nulle. Cet

2..

essai a été fait; et à Genève, par exemple, on a trouvé que la vie moyenne est devenue successivement plus longue. Or, à moins qu'il ne soit prouvé que des causes étrangères à l'homme aient fait varier la fertilité de la terre, l'état de l'atmosphère, la température, ou aient apporté des altérations quelconques dans le climat, on est au moins en droit de conclure l'existence de la force perturbatrice de l'homme, et de se former une première idée de l'énergie de ses effets sur ce point du globe. Mais jusque là l'on connaît seulement la résultante de différentes forces qu'il serait non-seulement impossible d'estimer individuellement, mais qu'on ne saurait même énumérer d'une manière complète. Ainsi, l'on est disposé à croire que les forces qui ont prolongé à Genève la durée de la vie moyenne proviennent de ce que l'homme y a rendu ses habitations plus saines, plus commodes; de ce qu'il a amélioré son état d'aisance, sa nourriture, ses institutions; de ce qu'il est parvenu à se soustraire à l'influence de certaines maladies, etc. : il peut se faire même que l'homme, par sa force perturbatrice, ait fait varier la nature du climat, soit par des déboisemens, soit par les dérivations des eaux, soit par d'autres changemens quelconques.

De l'objet de cet Ouvrage.

L'objet de cet Ouvrage est d'étudier, dans leurs effets, les causes, soit naturelles, soit perturbatrices qui agissent sur le développement de l'homme; de chercher à mesurer l'influence de ces causes, et le mode d'après lequel elles se modifient mutuellement.

Je n'ai point en vue de faire une théorie de l'homme, mais seulement de constater les faits et les phénomènes qui le concernent, et d'essayer de saisir, par l'observation, les lois qui lient ces phénomènes ensemble.

L'homme que je considère ici est, dans la société, l'analogue du centre de gravité dans les corps; il est la moyenne autour de laquelle oscillent les élémens sociaux : ce sera, si l'on veut, un être fictif pour qui toutes les choses se passeront conformément aux résultats moyens obtenus pour la société. Si l'on cherche à établir, en quelque sorte, les bases d'une *physique sociale*, c'est lui qu'on doit considérer, sans s'arrêter aux cas particuliers ni aux anomalies, et sans rechercher si tel individu peut prendre un développement plus ou moins grand dans l'une de ses facultés.

Supposons, par exemple, qu'on cherche à savoir quelle est l'influence perturbatrice de l'homme pour modifier sa force physique. Au moyen du dynamomètre, on pourra estimer d'abord la force des mains ou des reins d'un grand nombre d'individus de différens âges, depuis l'enfance jusqu'à la vieillesse, et les résultats obtenus de cette manière, pour un pays, donneront deux échelles de forces qui mériteront d'autant plus la confiance, que les observations seront plus nombreuses et auront été faites avec plus de soin. En comparant plus tard les échelles obtenues par les mêmes moyens et sous les mêmes influences, mais à des époques différentes, on reconnaîtra si la quantité de force a diminué ou augmenté par l'action perturbatrice de l'homme. C'est cette variation que subit tout le système qu'il importe de signaler dans une physique sociale. On pourrait encore déterminer de la même manière les variations qu'ont subies les différentes classes de la société, mais sans descendre jusqu'aux individus. Un homme, par une taille colossale ou par une force herculéenne, pourra fixer l'attention d'un naturaliste ou d'un physiologiste; mais, dans une physique sociale, son importance disparaîtra devant celle d'un autre homme qui, après avoir reconnu d'une manière expérimentale les moyens de développer avantageusement la taille ou la force, parviendra à les faire mettre en pratique et produira ainsi des résultats qui deviendront sensibles dans tout le système ou dans une de ses parties.

Après avoir considéré l'homme à différentes époques et chez les différens peuples, après avoir déterminé successivement les divers élémens de son état physique et moral, et avoir reconnu en même temps les variations subies dans la quantité de choses qu'il produit et qu'il consomme, dans l'augmentation ou la diminution de ses richesses, dans ses relations avec les autres nations, on saura déterminer les lois auxquelles l'homme a été assujetti chez les différens peuples depuis leur naissance, c'est-à-dire, suivre la marche des centres de gravité de chaque partie du système, comme nous avons établi les lois relatives à l'homme chez chaque peuple par l'ensemble des observations faites sur les individus. Sous ce point de vue, les peuples seraient, par rapport au système social, ce que les individus sont par rapport aux peuples : les uns comme les autres auraient leurs lois de croissance et de dépérissement, et auraient une part plus ou moins grande dans les perturbations du système. Or, ce n'est que de l'ensemble des lois relatives aux différens peuples qu'on pourrait conclure ensuite ce qui appartient soit à l'équilibre, soit au mouvement du système, car nous ignorons lequel de ces deux états a effectivement lieu. Ce que nous voyons chaque jour nous prouve assez les effets d'actions internes et de forces qui réagissent les unes sur les autres; mais nous n'avons que des conjectures plus ou moins probables sur la marche du centre de gravité du système, et sur la direction du mouvement : il peut se faire que pendant que toutes les parties se meuvent d'une manière progressive ou rétrograde, le centre demeure invariablement en équilibre.

On nous demandera peut-être comment nous pouvons déterminer d'une manière absolue la valeur perturbatrice de l'homme, c'est-à-dire les écarts plus ou moins grands que fait le système de l'état où il serait s'il était abandonné aux seules forces de la nature. Un pareil problème, s'il pouvait être résolu, serait curieux sans doute, mais il n'offrirait guère d'utilité, puisque cet état ne serait pas même dans la nature; l'homme, quel qu'il ait pu être, n'ayant jamais été entièrement dépouillé de sa force intellectuelle et réduit à vivre comme les animaux. Ce qui mérite le plus de fixer l'attention, c'est de savoir si les effets de la force perturbatrice varient d'une manière plus ou moins avantageuse.

D'après ce qui vient d'être dit, la science aurait à rechercher :

1° Quelles sont les lois d'après lesquelles l'homme se reproduit, d'après lesquelles il croît, soit pour la taille, soit pour la force physique, soit pour la force intellectuelle, soit pour son penchant plus ou moins grand au bien comme au mal, d'après lesquelles se développent ses passions et ses goûts, se succèdent les choses qu'il produit ou qu'il consomme, d'après lesquelles il meurt, etc.

2° Quelle est l'action que la nature exerce sur l'homme; quelle est la mesure de son influence; quelles sont les forces perturbatrices, et quels ont été leurs effets pendant telle ou telle période; quels ont été les élémens sociaux qui en ont été principalement affectés.

3° Enfin les forces de l'homme peuvent-elles compromettre la stabilité du système social?

J'ignore si l'on pourra jamais répondre à toutes ces questions, mais il me semble que leurs solutions seraient les plus beaux et les plus intéressans résultats que pourraient se proposer les recherches des hommes. Convaincu de cette vérité, j'ai déjà entrepris quelques essais pour répondre dès à présent à la première série de questions, et plutôt encore pour chercher à faire comprendre mes idées et indiquer la marche qui me semble devoir être suivie. J'ai essayé aussi de démontrer comment on peut reconnaître les causes influentes et déterminer le degré de leurs actions respectives. Quelle que soit l'idée qu'on se formera de ces recherches, je pense qu'on me saura gré du moins d'avoir donné sur le développement des facultés de l'homme un grand nombre d'observations et de résultats que la science ne possédait pas encore.

Je désire du reste que l'on comprenne bien que je ne présente cet Ouvrage que comme l'esquisse d'un vaste tableau dont le cadre ne peut être rempli que par des soins infinis et par d'immenses recherches. J'ai donc lieu d'espérer qu'on voudra bien ne juger que l'idée qui a présidé à la composition de ce travail, et qu'on sera moins rigoureux sur l'exécution des détails; certaines parties surtout, faute de matériaux, n'ont pu être indiquées que d'une manière très incomplète ; je n'ai pas cru devoir négliger cependant de marquer la place qui leur convenait.

VI. *Sur la dignité des recherches relatives à l'homme.*

La nature des recherches dont je m'occupe dans cet Ouvrage et la manière dont j'envisage le système social, ont quelque chose de positif qui doit, au premier abord, effrayer certains esprits; les uns y verront une tendance au matérialisme; les autres, en interprétant mal mes idées, y trouveront une pr͏ ͏ ͏ution outrée d'agrandir le do-

maine des sciences exactes et de placer le géomètre sur un terrain qui n'est pas le sien; ils me
reprocheront de l'engager dans des spéculations
absurdes, en l'occupant de choses qui ne sont pas
susceptibles d'être mesurées.

Quant à l'accusation de matérialisme, elle a été
reproduite si souvent et si régulièrement toutes
les fois que les sciences essayaient un nouveau
pas, et que l'esprit philosophique, en se jetant
hors des antiques ornières, cherchait à se frayer
des chemins nouveaux, qu'il devient presque superflu d'y répondre, aujourd'hui surtout, qu'elle
est dépouillée de l'appareil des fers et des sup-
plices. Qui pourrait dire, d'ailleurs, qu'on insulte
à la Divinité en exerçant la plus noble faculté
qu'elle ait mise en nous, en tournant ses méditations vers les lois les plus sublimes de l'univers,
en essayant de mettre au jour l'économie admirable, la sagesse infinie qui ont présidé à sa composition? Qui oserait accuser de sécheresse les
philosophes qui, au monde étroit et mesquin des
anciens, ont substitué la connaissance de notre
magnifique système solaire, et qui ont tellement
reculé les limites de notre ciel étoilé, que le génie
n'ose plus en sonder les profondeurs qu'avec un
respect religieux? Certes, la connaissance des mer-
veilleuses lois qui règlent le système du monde,
que l'on doit aux recherches des philosophes,

donne une idée bien autrement grande de la puissance de la Divinité, que celle de ce monde que voulait nous imposer une aveugle superstition. Si l'orgueil matériel de l'homme s'est trouvé frustré en voyant combien est petite la place qu'il occupe sur le grain de poussière dont il faisait son univers, combien son intelligence a dû se réjouir d'avoir porté si loin sa puissance et d'avoir plongé si avant dans les secrets des cieux!

Après avoir vu la marche qu'ont suivie les sciences à l'égard des mondes, ne pouvons-nous essayer de la suivre à l'égard des hommes? Ne serait-il pas absurde de croire que pendant que tout se fait d'après des lois si admirables, l'espèce humaine seule reste abandonnée aveuglément à elle-même, et qu'elle ne possède aucun principe de conservation? Ne craignons pas de le dire, c'est une pareille supposition qui serait injurieuse à la Divinité, et non la recherche même que nous nous proposons de faire.

Pour ce qui concerne la seconde objection, j'essaierai d'y répondre quand il sera question de l'appréciation des facultés morales et intellectuelles de l'homme.

LIVRE PREMIER.

DÉVELOPPEMENT DES QUALITÉS PHYSIQUES DE L'HOMME.

I. *De la détermination de l'homme moyen en général.*

Nous avons dit que dans la série de nos recherches, le premier pas à faire serait de déterminer l'homme moyen chez les différentes nations, soit au physique, soit au moral. Peut-être nous accordera-t-on la possibilité d'une pareille appréciation pour les qualités physiques, qui admettent directement une mesure; mais quelle sera la marche à suivre pour les qualités morales? Comment pourra-t-on jamais soutenir sans absurdité que le courage d'un homme est à celui d'un autre homme, comme cinq est à six par exemple, à peu près comme on pourrait le dire de leur taille? Ne rirait-on pas de la prétention d'un géomètre qui soutiendrait sérieusement qu'il a calculé que le génie d'Homère est à celui de Virgile comme trois est à deux ? Certainement de pareilles prétentions seraient absurdes et ridicules. Il convient donc, avant tout, de bien s'entendre sur la valeur des mots et d'examiner si ce que nous voulons est possible, je ne dis pas dans l'état actuel de la science, mais dans un état où la science pourra s'élever un jour. On ne peut, en effet, exiger de ceux qui s'occupent d'une physique sociale plus que de ceux qui auraient entrevu la possibilité de former une mécanique céleste à une époque où il n'existait que des observations astronomiques défectueuses et des théories nulles ou fausses avec des moyens de calcul insuffisans. Il importait en conséquence de s'assurer des moyens d'exécution ; il fallait recueillir ensuite avec zèle et persévérance des observations précises, créer et perfectionner les méthodes pour les mettre en œuvre, et préparer ainsi tous les élémens nécessaires de l'édifice qu'il s'agissait d'élever. Or, c'est la marche que je crois qu'il convient de suivre pour former une physique sociale ; je pense donc qu'il s'agit d'axaminer s'il y a possibilité d'obtenir les moyens d'exécution, et d'abord s'il y a possibilité de déterminer l'homme moyen.

Cette détermination fera l'objet des trois pre-

miers livres de cet Ouvrage : nous nous occuperons d'abord de l'homme sous le rapport physique, puis nous le considérerons sous le rapport
des qualités morales et intellectuelles.

II. *De la détermination de l'homme moyen sous le rapport des qualités physiques.*

Parmi les élémens relatifs à l'homme, les uns
sont susceptibles d'une appréciation *directe*, et
les nombres qui les représentent sont de véritables grandeurs mathématiques ; telles sont en
général les qualités physiques : ainsi le poids et
la taille d'un homme peuvent être mesurés directement, et l'on peut les comparer ensuite au
poids et à la taille d'un autre homme. En comparant sous ce point de vue les différens hommes
d'une nation, on parvient à des valeurs moyennes
qui sont le poids et la taille qu'il convient d'assigner à l'homme moyen de cette nation ; par
suite, on pourrait dire que l'Anglais, par exemple, est plus grand que le Français et l'Italien.
Cette manière de procéder est analogue à celle
que l'on suit en physique pour déterminer les
températures des différens pays et les comparer
entre elles : ainsi, l'on dit très bien qu'à Paris
la température moyenne de l'été est de 18

degrés centigrades, quoique le thermomètre ait été presque constamment ou plus haut ou plus bas que ce point. On conçoit de plus que le rapport qui existe entre le poids ou la taille de l'homme moyen, indigène de l'un de ces trois pays, peut s'altérer par la suite des temps.

Dans certains cas, on emploie des mesures *non matérielles,* comme lorsqu'il s'agit d'apprécier la vie moyenne pour une nation désignée, ou d'estimer l'âge auquel s'éteint l'homme moyen de cette nation. La vie a pour mesure le temps, et cette mesure admet tout autant de précision que celles que nous employons au physique.

Enfin on peut employer des mesures de *convention,* comme lorsqu'il s'agit d'estimer la richesse, les productions, les consommations d'un pays, et de les comparer à celles d'un autre pays. Toutes ces estimations ont déjà été faites par les économistes avec plus ou moins d'exactitude; elles ne doivent donc rien offrir qui puisse nous paraître étrange.

Il est des élémens relatifs à l'homme qui ne peuvent être mesurés directement, et qui ne sont appréciables que *par leurs effets :* de ce nombre sont les forces de l'homme. On conçoit qu'il n'y aurait aucune absurdité à dire que tel homme est deux fois aussi fort qu'un autre, pour la pression des mains, si cette pression appliquée contre un obstacle produit des effets qui soient comme deux est à un. Seulement, il faut admettre alors que les causes sont proportionnelles aux effets, et il faut avoir bien soin, en mesurant les effets, de mettre les individus dans des circonstances semblables. Par exemple, on pourrait faire d'assez graves erreurs en employant le dynamomètre de Régnier indistinctement pour tous les individus, parce que la grandeur des mains ou la hauteur de la taille peuvent avoir de l'influence, et faire que l'on manie l'instrument avec plus ou moins de facilité.

Il résulte de ce qui précède que, dans la détermination de l'homme moyen, considéré sous le rapport des qualités physiques, la plus grande difficulté consiste à réunir des observations exactes en nombre suffisant pour arriver à des résultats qui méritent quelque confiance.

Dans le premier livre, nous examinerons tout ce qui tient à la vie de l'homme, à sa reproduction et à sa mortalité; dans le second, nous nous occuperons de ce qui tient au développement de sa taille, de son poids, de sa force, et en général, de ses qualités physiques.

CHAPITRE PREMIER.

DES NAISSANCES EN GÉNÉRAL ET DE LA FÉCONDITÉ.

I. *De la naissance.*

L'acte de la naissance est lié à celui de la conception comme l'effet est lié à la cause qui le produit : au premier se rattache l'idée de la nécessité, et au second celle d'une volonté libre(1). Comme d'ailleurs on est généralement porté à perdre de vue les causes qui ont agi bien antérieurement aux effets qu'on observe, on est peu frappé de la régularité avec laquelle les naissances se reproduisent ; on s'habitue à les regarder comme des phénomènes naturels auxquels la volonté de l'homme n'a qu'une faible

_____

(1) On regarde ordinairement la durée de la grossesse comme étant de neuf mois. Je ne sache pas qu'on se soit occupé de rechercher s'il existe des causes qui peuvent faire varier cette durée, et si l'on a essayé de mesurer leur influence.

part. Si l'on remarque l'influence des saisons, des lieux, des années d'abondance ou de disette, etc., c'est plutôt comme agissant sur nos qualités physiques que sur nos qualités morales; c'est comme modifiant la facilité et non la volonté que nous avons de nous reproduire. Il existe en outre une répugnance bien naturelle à regarder notre vouloir comme influencé par des causes physiques.

Quelle que soit du reste la nature des causes qui produisent les naissances en plus ou moins grand nombre, avec plus ou moins de régularité, ce qu'il importe le plus de connaître d'abord ce sont les résultats qui en sont la conséquence; nous pourrons rechercher ensuite ce qui est le fait de la nature, et ce qui appartient à l'action perturbatrice de l'homme. Afin de faciliter cette recherche, nous examinerons successivement comment se produisent les naissances, en ayant égard aux temps, aux lieux, aux sexes, aux saisons, aux heures du jour, et aux autres causes qui sont en dehors de l'homme; par là, nous pourrons mieux comparer l'influence de ces causes à celle qu'exerce l'homme, en vertu de sa manière d'être et de ses institutions politiques et religieuses.

II. *De la fécondité.*

Pris d'une manière absolue, le nombre annuel des naissances d'un pays n'a qu'une médiocre importance ; mais il acquiert une valeur très grande, quand on le compare à d'autres élémens de la population de ce pays. On peut l'employer d'abord pour mesurer la *fécondité*, en le comparant, soit au chiffre de la population, soit au nombre annuel des mariages. Dans le premier cas, on a la mesure de la *fécondité de la population*, et, dans le second cas, celle de la *fécondité des mariages*. Les statisticiens se servent de l'une et de l'autre de ces deux mesures, qui demandent néanmoins à n'être employées qu'avec de grandes précautions.

Quand on met en parallèle deux pays, sous le rapport de la fécondité des mariages, il faut avoir bien soin de ne comparer que le nombre des naissances *légitimes* au nombre des mariages. On conçoit, en effet, que dans un pays où l'on rapporterait indistinctement toutes les naissances au nombre des mariages inscrits, la fécondité devrait paraître trop forte, et l'erreur serait d'autant plus grande qu'il y aurait plus de naissances illégitimes et moins de mariages régulièrement constatés. Le contraire pourrait avoir lieu dans un pays où l'on mettrait plus d'importance à établir le nombre annuel des mariages que celui des naissances. En général, il faut se défier du nombre qui exprime la fécondité des mariages d'un pays, quand les livres de l'état civil sont mal tenus, ou quand les inscriptions ne s'y font pas d'une manière uniforme. Je crois pouvoir signaler particulièrement l'Angleterre comme présentant des nombres qui ont souvent induit en erreur les savans qui s'en sont servis (1).

M. Malthus fait observer que le rapport des naissances aux mariages, pris pour mesure de la fécondité, suppose une population stationnaire; si la population était croissante, par exemple, plus son accroissement serait rapide, et plus la fécondité réelle des mariages surpasserait le rapport des naissances aux mariages. Cet habile économiste signale encore plusieurs autres circonstances auxquelles il convient d'avoir égard dans l'estimation de la fécondité, telles que les mariages en secondes et troisièmes noces, les mariages tardifs consacrés par des habitudes locales, et les émigrations ou les immigrations fréquentes (2).

---

(1) Malthus, *Essai sur le principe de population*, tom. II, page 212, édition de Genève, 1830.

(2) *Ibid.* tom. II, page 219.

Sous le rapport de l'économie politique, le chiffre qui exprime la fécondité d'une population a peut-être plus d'importance que celui qui exprime la fécondité des mariages. L'économiste, en effet, s'occupe généralement plus des accroissemens que reçoit la population que de la manière dont ces accroissemens s'opèrent. La fécondité des mariages pourrait être exactement la même dans deux pays différens, sans que celle de la population fût la même : dans les pays, par exemple, où la prévoyance rend les mariages moins nombreux, il y aura moins de naissances. Au contraire, dans des pays dont les habitans sont imprévoyans et dans des pays nouveaux, où les immigrations sont nombreuses et où les établissemens sont formés par des personnes généralement en âge de se reproduire, on devra remarquer une fécondité très grande, eu égard à la population. Ce sont des distinctions importantes à faire pour éviter toute espèce d'erreur, soit dans les évaluations, soit dans les rapprochemens de nombres.

Une autre erreur assez commune aux ouvrages de statistique est celle qui provient d'une évaluation fautive de la population; on n'y a peut-être pas eu assez égard jusqu'à présent. Quand les recensemens ne se font pas avec exactitude, on obtient, en général, pour valeur de la population, un chiffre trop faible, et celui de la fécondité qu'on en déduit, doit paraître trop élevé. C'est une erreur que je signale ici, parce que, moi-même, je l'ai faite dans mes premiers essais sur la statistique, et en parlant de la fécondité dans l'ancien royaume des Pays-Bas; il en est résulté que certaines provinces se trouvaient dans un état très défavorable, comparativement à d'autres; mais un examen plus approfondi m'a fait voir ce qui pouvait donner lieu à des méprises, et m'a porté à solliciter avec de vives instances, auprès du gouvernement, un recensement désormais devenu nécessaire, et qui a effectivement eu lieu en 1829.

Il existe un cas particulier pour lequel le rapport entre la fécondité d'un pays et celle d'un autre pays demeure exactement le même, soit qu'on l'estime d'après la population, soit qu'on le prenne d'après le nombre annuel des mariages, c'est quand les populations des pays que l'on compare sont homogènes, ou composées des mêmes élémens; quand, des deux parts, on compte annuellement un même nombre de mariages pour un même nombre d'habitans (1).

J'ai cru devoir présenter les observations pré-

_____

(1) Quelques lignes de calcul feront facilement comprendre ce que j'avance. Soit f la fécondité d'un pays, n le nombre annuel des naissances, m celui des mariages,

cédentes sur l'évaluation de la fécondité, avant d'examiner tout ce qui se rapporte aux naissances. Nous pourrons maintenant procéder d'une manière plus sûre, en cherchant à apprécier successivement l'influence qu'exercent sur les naissances les *causes naturelles* et les *causes perturbatrices*.

---

c le restant de la population ; et f', n', m' et c' respectivement les mêmes nombres pour un autre pays ; on aura, pour la fécondité des mariages, la proportion

$$f : f' :: \frac{n}{m} : \frac{n'}{m'}.$$

Maintenant, si les populations sont homogènes, comme nous le supposons, on aura aussi

$$\frac{m}{c+m} = \frac{m'}{c'+m'}.$$

Or, si nous multiplions les deux termes du dernier rapport de la proportion par cette égalité, nous aurons

$$f : f' :: \frac{n}{c+m} : \frac{n'}{c'+m'}.$$

résultat conforme à ce qui est avancé dans le texte, puisque les termes du dernier rapport représentent la fécondité de la population.

CHAPITRE II.

DE L'INFLUENCE DES CAUSES NATURELLES SUR LE NOMBRE DES NAISSANCES.

I. *Influence des sexes.*

Il est un fait bien remarquable, et observé depuis long-temps, quoiqu'on n'en connaisse point encore les véritables causes : c'est qu'il naît annuellement plus de garçons que de filles. Comme du reste le rapport des naissances masculines aux naissances féminines s'écarte peu de l'unité pour les différens pays où il a été calculé, il a fallu recourir à des observations nombreuses pour le déterminer avec quelque précision. D'après plus de quatorze millions et demi d'observations faites en France, depuis 1817 jusqu'en 1831, la valeur de ce rapport a été de 106, 38 à 100; et sa valeur moyenne a très peu varié, en passant d'une année à l'autre (1).

Pour savoir si le climat influe sur le rapport dont il est question, on a considéré séparément une trentaine de départemens, les plus méridionaux de la France. Les naissances, dans ces départemens, depuis 1817 jusqu'en 1831, ont été de 2,119,162 garçons et de 1,990,720 filles; le rapport du premier nombre au second est celui de 105,95 à 100, à peu près comme pour la France entière. Ce résultat porterait à conclure que la supériorité des naissances des garçons sur celle des filles ne dépend pas du climat d'une manière sensible (2).

Pour mieux apprécier cependant l'influence qui pourrait être exercée par le climat, il convient d'étendre nos recherches au-delà des limites de la France. En prenant nos données dans les principaux états de l'Europe, nous trouvons les résultats suivans, d'après M. le capitaine Bickes, qui a recueilli plus de 70 millions d'observations (3).

---

(1) *Annuaire du Bureau des Longitudes*, 1834.

(2) *Ibid.* 1834.

(3) *Mémorial encycl.* — Mai 1832.

ÉTATS ET PROVINCES.	GARÇONS pour 100 filles.
Russie......................................	108,91
Province de Milan........................	107,61
Mecklembourg............................	107,07
France.....................................	106,55
Pays-Bas (Belgique et Hollande).........	106,44
Province de Brandebourg et Poméranie.....	106,27
Royaume des Deux-Siciles.................	106,18
Monarchie autrichienne....................	106,10
Silésie et Saxe............................	106,05
États prussiens, pris en masse.............	105,94
Westphalie et Grand-Duché du Rhin........	105,86
Royaume de Wurtemberg..................	105,69
Prusse orientale et duché de Posen.........	105,66
Royaume de Bohême......................	105,38
Grande-Bretagne.........................	104,75
Suède.....................................	104,62
Moyenne pour l'*Europe*..................	106,00

Quelques voyageurs avaient pensé que les climats chauds sont plus favorables aux naissances féminines; mais les nombres n'ont pas confirmé cette opinion, du moins d'après ce que nous venons de voir pour l'Europe. Cependant il faudrait plus d'observations que nous n'en possédons, et surtout des observations recueillies vers la ligne équinoxiale, pour pouvoir affirmer que l'influence des climats est absolument insensible. Voici quelques observations obtenues au cap de Bonne-Espérance sur la population blanche qui y réside(1), ainsi que sur la population des esclaves (2).

ANNÉES.	NAISSANCES LIBRES		NAISSANCES ESCLAVES	
	masculines.	féminines.	masculines.	féminines.
1813	686	706	188	234
1814	802	825	230	183
1815	888	894	221	193
1816	805	892	325	294
1817	918	927	487	467
1818	814	832	516	482
1819	810	815	506	509
1820	881	898	463	464
Totaux..	6604	6789	2936	2826

Ainsi, parmi les naissances libres, celles des filles ont surpassé numériquement celles des garçons; et ce résultat s'est reproduit chaque année.

Il paraît que le séjour des villes et des campagnes n'est pas sans influence sur le rapport des naissances des deux sexes, comme on peut en juger par les documens de la Belgique :

(1) *Journal asiatique*, juillet 1826, page 64 ; et Salder, tome II, page 371.

(2) *Elements of medical Statistics*, par Hawkins, p. 51.

ANNÉES.	NAISSANCES DANS LES VILLES.			NAISSANCES DANS LES CAMPAGNES.		
	Garçons.	Filles.	Rapport.	Garçons.	Filles.	Rapport.
1815 à 1824	164376	154110	106.66	472221	441502	106.96
1825 à 1829	87516	83122	105.29	256751	241989	106.10

Le nombre des garçons relativement à celui des filles a donc été un peu plus faible dans les villes que dans les campagnes; il est à remarquer que les deux rapports ont sensiblement diminué pendant la dernière période.

Cette influence du séjour des villes, qui tend à diminuer le nombre proportionnel des naissances, se fait aussi remarquer dans d'autres pays. C'est ce qu'on pourra voir par le tableau suivant, dans lequel M. Bickes a fait apprécier un autre genre d'influence, celle qu'exerce la légitimité des naissances (1).

---

(1) *Zeitung für das gesammte medicinal wesen.* Voyez aussi les *Annales d'Hygiène*, octobre 1832.

ÉTATS ET PROVINCES.	GARÇONS pour 100 filles,	
	Légitimes.	Illégitimes.
France........................	106,69	104,78
Monarchie autrichienne..........	106,15	104,32
« prussienne......	106,17	102,89
Suède.........................	104,73	103,12
Wurtemberg....................	105,97	103,54
Bohême.......................	105,65	100,44
Province de Milan..............	107,79	102,30
Prusse orientale et Posen........	105,81	103,60
Brandebourg et Poméranie.......	106,65	102,42
Silésie et Saxe.................	106,30	103,27
Westphalie et duché du Bas-Rhin.	106,07	101,55
VILLES.		
Paris.........................	103,82	103,42
Amsterdam....................	105,00	108,83
Livourne......................	104,68	93,21
Francfort-sur-le-Mein..........	102,83	107,84
Leipsig.......................	106,16	105,94

Ainsi, tous les documens relatifs aux états s'accordent à donner un nombre proportionnel de garçons plus grand pour les naissances légitimes que pour les naissances illégitimes. Cette différence est bien moins prononcée pour les villes. M. Bickes a étendu ses recherches pour les naissances légitimes, à un très grand nombre de villes; et la moyenne des rapports, que j'ai calculée, donne 104,74, valeur qui est très sensiblement inférieure à celle que donnent tous les états de l'Europe.

M. Poisson avait fait, depuis plusieurs années, des recherches sur cette singulière circonstance, que le rapport des naissances masculines aux naissances féminines, pour les enfans naturels, s'éloigne sensiblement du rapport général pour la France entière; et il avait obtenu, d'après les documens de 1817 à 1826 inclusivement, $\frac{21}{20}$ au lieu de $\frac{16}{15}$. M. Mathieu, de son côté, était parvenu à un résultat semblable (1).

Dans la vue de jeter plus de lumière sur ce sujet intéressant, M. Babbage a également réuni avec soin les nombres de plusieurs pays différens, et il les a présentés avec tous les détails désirables dans une lettre qu'il a insérée dans le *Journal des Sciences* de sir D. Brewster (2); j'en ai extrait les résultats principaux.

---

(1) Voyez l'*Annuaire,* et le tome IX des *Mémoires de l'Académie des Sciences,* page 239.

(2) *Brewster's Journal of Sciences,* new series, n° 1.

	NAISS. LÉGIT.		NOMBRE des naissances observées.	NAISS. ILLÉGIT.		NOMBRE des naissanc. observées.
	du sexe fém.	du sexe masc.		du sexe fém.	du sexe masc.	
France.....	10000	10657	9656135	10000	10484	673047
Naples.....	10000	10452	1059055	10000	10367	51309
Prusse	10000	10609	3672251	10000	10278	212804
Westphalie.	10000	10471	151169	10000	10039	19950
Montpellier.	10000	10707	25064	10000	10081	2735
MOYENNES....	10000	10575		10000	10250	

En citant ces nombres, M. Prevost fait observer que, indépendamment de la cause physiologique qui donne aux naissances masculines une facilité plus grande, il doit exister pour les naissances légitimes en particulier, une cause accessoire qui augmente encore cette facilité, et qu'il attribue à l'espèce de préférence accordée fort généralement aux enfans du sexe masculin. « La suite de cette préférence, dit ce savant, n'est-elle pas de prévenir, après les naissances masculines, l'augmentation de la famille, et par là d'accroître le rapport proportionnel de celles-ci? Des parens ont un fils : si diverses causes font obstacle à l'accroissement de leur famille, ils seront moins inquiets peut-être de cette privation, lorsque leur premier vœu sera accompli, qu'ils ne l'auraient été s'ils n'avaient point eu d'enfans mâles. Cette diminution de naissances, après celle d'un ou de plusieurs fils, ne tendrait-elle point à augmenter le rapport des naissances masculines (1)?» Sans nier l'influence que cette contrainte morale peut exercer dans certains cas, je la crois tout-à-fait insuffisante pour expliquer les résultats dont j'aurai bientôt à parler.

M. Giron de Buzareignes a communiqué à l'Académie des Sciences de Paris, des recherches faites en France, qui ont aussi pour objet les naissances des enfans des deux sexes (2). Il partage la société en trois classes : la première se compose des personnes dont les occupations tendent à développer les qualités physiques ; la seconde, des personnes dont les occupations tendent à énerver les forces ; et la troisième enfin, des personnes dont les occupations sont mixtes. D'après cet observateur, le nombre proportionnel des naissances masculines, dans la première classe, serait plus grand que celui que fournit la France en général ; dans la seconde classe, ce serait le contraire ; et dans la troisième, les deux nombres se-

(1) *Bibliothèque universelle de Genève,* octobre 1829, pages 140 et suivantes.

(2) *Bulletin de M. de Férussac,* tome XII, page 3.

raient égaux. Ainsi, les travaux de l'agriculture tendraient à favoriser le développement des naissances masculines, tandis que le commerce et les manufactures produiraient un effet opposé. Cette observation s'accorderait assez bien avec les résultats qui ont été indiqués précédemment pour les villes et les campagnes ; mais elle soutient moins bien l'examen quand on l'applique aux différens pays de l'Europe.

M. Bickes, qui s'est attaché à combattre l'opinion émise par M. Giron de Buzareignes, a présenté une explication nouvelle des causes qui font varier la proportion des sexes dans les naissances. Selon lui « C'est dans le sang (la constitution, la race) des populations, qui diffèrent plus ou moins les unes des autres sous ce rapport, que résident les forces ou les causes, quelles qu'elles soient, qui déterminent la production de beaucoup de garçons. Institutions politiques, civiles ; coutumes, occupations habituelles, genre de vie, richesse, pauvreté, etc., tout cela n'a aucune influence sur la proportion respective suivant laquelle les deux sexes viennent au monde. » On aurait bien de la peine à s'expliquer par là comment, pour un même peuple, le rapport des naissances des deux sexes présente des différences si sensibles dans les villes et dans les campagnes. Quant à l'effet de la légitimité sur la prépondérance des naissances fémi-

nines, M. Bickes pense que la cause première
n'en peut être démontrée (1). Nous trouverons
bientôt d'autres obstacles à son hypothèse.

M. le professeur Hofacker a fait, en Allemagne,
des recherches sur l'influence de l'âge des parens
sur les naissances masculines et féminines, d'où
il résulterait qu'en général, quand la mère est
plus âgée que le père, il naît moins de garçons
que de filles; il en est de même quand les parens
sont également âgés; mais plus l'âge du père
l'emporte sur celui de la mère, plus le nombre
proportionnel des garçons est grand (2).

Les différens résultats de M. Hofacker se trouvent résumés dans le tableau suivant :

---

(1) *Annales d'Hygiène*, octobre 1832, page 459.
(2) *Idem*, juillet 1829, page 537.

AGE DE L'HOMME.	AGE DE LA FEMME.	GARÇONS pour 100 FILLES.
L'homme est plus jeune	Que la femme........	90,6
» aussi âgé	»	90,0
» plus âgé	» de 3 à 6 ans..	103,4
» »	» de 6 à 9 ans..	124,7
» »	» de 9 à 18 ans..	143,7
» »	» de 18 et davantage.......	200,0
L'homme a 24 à 36 ans	La femme a 16 à 26 ans	116,6
» »	» 36 à 46 ans.	95,4
» 36 à 48 ans	» est jeune.....	176,9
» »	» est d'âge moy.	114,3
» »	» est plus âgée.	109,2
» 48 à 60 ans	» est d'âge moy.	190,0
» »	» est plus âgée..	164,3

Si ces résultats étaient déduits d'observations assez nombreuses et assez sûres pour mériter une entière confiance, et s'ils se vérifiaient dans d'autres pays, ils présenteraient un bien puissant argument en faveur de l'hypothèse, qu'on peut faire prédominer à son gré les naissances de l'un des deux sexes. On doit regretter qu'il existe encore si peu de documens propres à éclaircir cette question délicate; les seuls que j'aie réussi à me procurer se trouvent dans l'ouvrage de M. Sadler, sur la *Loi de la Population* (1). Voici d'abord un tableau extrait des registres des pairs d'Angleterre; et l'on observera qu'il ne s'agit que des mariages en premières noces :

DIFFÉRENCE des âges, LE MARI ÉTANT	NOMBRE de MARIAGES.	NAISSANCES		RAPP. DES N.		ENFANS par MARIAG.
		MASC.	FÉM.	MASC.	FÉM.	
Plus jeune....	54	122	141	865	100	4,87
Aussi âgé.....	18	54	57	948	100	6,17
Plus âgé de 1 à 6 ans.	126	366	353	1037	100	5,71
de 6 à 11....	107	327	258	1267	100	5,47
de 11 à 16....	43	143	97	1474	100	5,58
de 16 et au-dessus.......	33	93	57	1632	100	4,55
TOTAUX.....	381	1105	963			

Ces résultats sont parfaitement d'accord avec ceux de M. Hofacker. J'ai calculé dans la dernière colonne la fécondité des mariages, qui a également une valeur dépendante des âges respectifs des deux époux.

En s'occupant d'examiner l'influence de l'âge des parens sur les naissances, M. Sadler a été conduit aux conclusions suivantes (2) : le rapport

(1) *The Law of Population,* tome II, page 343, in-8, Londres, 1830.

(2) *Idem,* tome II, page 333.

dans lequel naissent les sexes est réglé par la différence dans les âges des parens, de manière que, sur la moyenne du nombre total des naissances, le sexe du père ou de la mère l'emportera selon le côté où se trouve l'excès de l'âge. D'une autre part, le sexe qui est en excès aura une mortalité qui dépendra de la période qui sépare les âges des parens, de sorte que les sexes se balanceront pour le nombre vers l'époque ordinaire des mariages.

C'est ainsi que M. Sadler explique comment le nombre proportionnel des naissances masculines est moins fort dans les villes manufacturières de l'Angleterre que dans les campagnes, où les hommes se marient plus tard, et présentent une différence d'âge plus grande avec les femmes qu'ils épousent (1). Il étend aussi son explication à la différence que l'on observe entre les naissances légitimes et illégitimes.

M. Sadler trouve encore, qu'en considérant l'âge du père ou de la mère séparément, on n'observe pas de différence dans la facilité de produire des enfans d'un sexe plutôt que d'un autre. Cette facilité, selon lui, ne dépendrait

_____

(1) C'est un fait qui paraît bien établi par plusieurs statisticiens et par M. Milne en particulier, *Traité des Annuités,* vol. II, page 493, que des mariages précoces produisent généralement plus de filles.

que des âges relatifs des parens ; c'est ce qu'il déduit des nombres suivans extraits des registres des pairs :

AGES DES PAIRS lors DU MARIAGE. (1)	NOMBRE de MARIAGES.	NAISSANCES MASC.	NAISSANCES FÉM.	RAPP. DES N. MASC.	RAPP. DES N. FÉM.	FÉCONDITÉ.
Au-dessous de 21 ans.....	54	143	124	1153	1000	4,94
21 à 26......	307	668	712	938	1000	4,50
26 à 31......	284	696	609	1143	1000	4,59
31 à 36......	137	298	263	1133	1000	4,10
36 à 41......	90	149	151	987	1000	3,33
41 à 46......	58	93	83	1120	1000	3,04
46 à 51......	51	79	83	952	1000	3,17
51 à 61......	30	27	17	1588	1000	1,47
61 et au-dessus.	16	5	8	625	1000	0,81
TOTAUX....	1027	2158	2050	1052	1000	4,10
AGES DES ÉPOUSES DES PAIRS.						
Au-dessous de 16 ans.....	13	37	33	1121	1000	5,38
16 à 21......	177	502	387	1299	1000	5,02
21 à 26......	191	512	485	1055	1000	5,22
16 à 31......	60	115	92	1250	1000	3,43
31 à 36......	21	40	36	1110	1000	3,62
36 et au-dessus.	9	13	13	1000	1000	2,89
TOTAUX....	471	1219	1046	1165	1000	4,81

(2) Tous les nombres de ce tableau ont été pris sur des mariages *féconds* et faits en premières noces.

Comme ces nombres sont généralement faibles, il aurait peut-être mieux valu les séparer
en moins de catégories; il me semble qu'on
pourrait les réduire aux trois suivantes : moins
de 26 ans, de 26 à 36 ans et plus de 36 ans. On
obtient alors respectivement 970, 1140, 1032
naissances masculines pour 1000 naissances féminines, quand il s'agit des pairs, et 1161, 1211,
1000, quand il s'agit de leurs épouses. On voit que
la période de 26 à 36 ans donne un peu plus de
naissances masculines.

Enfin, en étendant ses recherches aux veufs
et aux veuves, M. Sadler trouve encore, d'après
les registres des pairs d'Angleterre, que les veufs
ont plus de tendance à produire des naissances
féminines.

AGES Des Veufs ou Veuves lors DU MARIAGE.	NOMBRE des 2e et 3e MARIAGES.	NAISSANCES		RAPP. DES N.		ENFANS par MARIAG.
		MASC.	FÉM.	MASC.	FÉM.	
22 à 27 ans...	5	21	33	91,3	100	8,80
27 à 32......	18	33	39	84,6	100	4,00
32 à 37......	24	51	66	77,3	100	4,87
37 à 42......	17	29	32	90,6	100	3,58
42 à 47......	16	30	38	79,0	100	4,25
47 à 52......	15	30	43	69,9	100	4,87
52 et au-dessus.	12	10	15	66,7	100	2,08
TOTAUX....	107	204	256	79,7	100	4,30

Le rapport est si prononcé qu'on le trouve à peu près le même aux différens âges (1).

Il résulte de l'examen des causes probables qui peuvent amener l'inégalité qui vient d'être signalée entre les naissances des enfans des deux sexes, que la plus influente, si l'on peut se fier au peu de documens que possède, jusqu'à présent, la science, est évidemment celle qu'exerce la différence d'âges des parens ; on pourrait croire même que les autres causes qui ont été signalées en sont en quelque sorte des conséquences. En effet, il arrive généralement, dans toute l'Europe, que les hommes, en se mariant, ont cinq à six ans de plus que les femmes, de sorte que la prépondérance des naissances masculines sera à peu près telle qu'elle se trouve établie d'après les recherches de MM. Hofacker et Sadler, qui donnent, pour le rapport des naissances des deux sexes, le nombre 103,5 environ, quand le père est plus âgé que la mère de 1 à 6 ans. Maintenant, on conçoit que ce rapport sera plus ou moins grand, selon que la différence d'âge des parens sera plus ou moins grande dans les différens pays, dans les villes ou les campagnes, parmi les personnes dont les liaisons sont légitimes ou illégitimes ; enfin selon toutes les circonstances qui

(1) *Law of Population*, tome II, page 347.

peuvent faire varier les âges auxquels la production a lieu ; en sorte que l'âge des parens serait le principal régulateur qui fixe la grandeur du rapport entre les naissances des deux sexes. On voit dès lors combien il est important de diriger ses recherches vers les âges auxquels les mariages ont lieu, surtout si de ces âges dépend encore la plus ou moins grande mortalité des enfans.

II. *Influence de l'âge sur la fécondité des mariages.*

Nous venons de voir que l'âge relatif des parens exerce une influence sensible sur le nombre proportionnel des naissances masculines; il est naturel de supposer qu'il doit en être encore de même à l'égard du nombre des naissances ou de la fécondité. Je ne connais guère, à ce sujet, que les recherches de M. Sadler, entreprises dans la vue de montrer que l'âge des parens considérés séparément, n'a pas d'influence sur le rapport des naissances masculines aux naissances féminines. Je les ai reproduites plus haut, en prenant soin de calculer dans la dernière colonne le chiffre de la fécondité. Cependant, comme les nombres de M. Sadler sont généralement faibles, j'ai cru devoir admettre moins de catégories dans les âges, ce qui donnera à mes résultats particuliers une probabilité plus grande : on pourrait résumer tous ces résultats dans le tableau suivant :

D'APRÈS LES REGISTRES des PAIRS D'ANGLETERRE.	NOMBRE D'ENFANS PROCRÉÉS PAR UN INDIVIDU ayant au moment du mariage		
	Moins de 26 ans.	26 à 36 ans.	Au-dessus de 36 ans.
Époux..........	5.11	4 43	2.84
Epouses	5.13	3.49	2.89
Veufs et veuves.	8.80 (1)	4.50	3.66

Nous voyons que la fécondité des mariages, toutes choses égales, diminue selon que les mariés sont plus âgés. Pour reconnaître l'influence de l'âge en lui-même sur la fécondité des individus, il faudrait tenir compte de la probabilité qu'on a de vivre en se mariant; car il est bien évident, par exemple, que celui qui a encore deux fois autant qu'un autre à vivre, peut espérer, toutes choses égales, de procréer plus d'enfans. Il est bien vrai, d'une autre part, que ceux qui se marient jeunes craignent en quelque sorte d'avoir une famille trop nombreuse; ce qui n'a

(1) Ce chiffre ne reposant que sur 5 mariages qui ont produit 44 enfans, ne peut inspirer de confiance.

point lieu quand on se marie dans un âge plus
avancé. En supposant, comme une espèce de limite, que, toutes choses égales, la fécondité
dépende de la vie probable, il faudrait, à chaque
âge, diviser chacun des rapports trouvés précédemment par le nombre correspondant qui exprime la durée de la vie probable. Or, en admet-
tant approximativement pour vie probable des
individus de la première catégorie, 36, 32 et
21 ans; ensuite pour les femmes 40, 34 et 23 ans,
et enfin pour les veufs 38, 33 et 22 ans, on aura
pour valeurs relatives de la fécondité :

D'APRÈS LES REGISTRES des PAIRS D'ANGLETERRE	NOMBRE D'ENFANS PROCRÉÉS PAR UN INDIVIDU ayant au moment du mariage		
	Moins de 26 ans.	26 à 36 ans.	Plus de 36 ans.
Époux.........	0,142	0,138	0,135
Épouses	0,128	0,103	0,125
Veufs ou veuves.	0,231	0,136	0,166

Ces nombres, qui n'expriment que la fécondité relative, s'accordent encore à montrer que
la plus grande aptitude à se reproduire s'est ma-
nifestée, parmi les individus que nous considérons, avant l'âge de 26 ans; de plus, on voit
qu'elle n'a pas sensiblement diminué pour les

hommes jusqu'à 36 ans. Pour les femmes, les données sont trop peu nombreuses pour qu'on puisse s'y fier, puisqu'il n'est question que de 9 femmes ayant plus de 36 ans.

Lorsqu'on a égard aux âges respectifs des époux, on trouve, en se servant encore des nombres donnés par M. Sadler, et que nous avons reproduits plus haut, que la fécondité des mariages atteint sa plus grande valeur quand les âges des époux sont les mêmes ou que l'homme surpasse en âge la femme de 1 à 6 ans; elle ne diminue pas sensiblement quand la différence n'excède pas 16 ans; mais quand elle est plus grande ou que l'homme est moins âgé que la femme, la fécondité semble être à son *minimum*. Ce sont des résultats qu'il est en quelque sorte facile de prévoir. Du reste, je ne me suis proposé que d'indiquer ces sortes de recherches, sans avoir la prétention de les approfondir, puisque des données suffisantes manquent encore.

M. Sadler, dans une autre partie de son ouvrage (1), a fait connaître le nombre des enfans produits par les épouses des pairs d'Angleterre desquelles il a pu déterminer les âges au moment du mariage; mais en inscrivant cette fois tous les mariages, qu'ils fussent féconds ou non, et con-

---

(1) Tome II, page 281.

tractés en premières ou secondes noces; voici textuellement ses résultats.

AGE AU MOMENT du mariage.	NOMBRE des mariages	NOMBRE d'enfans	DÉCÈS d'enfans avant l'âge nubile.	NAISS. par mariage.	DÉCÈS pour UNE NAIS.
12 à 15 ans .	32	141	40	4,40	0,283
16 à 19... .	172	797	166	4,63	0,208
20 à 23.....	198	1033	195	5,21	0,188
24 à 27.....	86	467	180	5,43	0,171

On voit ici que, de 12 à 27 ans, la fécondité des femmes va en croissant. Au premier abord, ce résultat paraît contraire à ceux qui ont été obtenus précédemment; mais il convient de remarquer qu'il s'agit ici des mariages en général, et non, comme nous l'avons supposé d'abord, des mariages féconds en particulier. Nous avons vu que, dans cette dernière hypothèse, la fécondité des femmes ne varie pas sensiblement au-dessous de l'âge de 26 ans. On ne peut donc attribuer la différence qu'à ce que plusieurs femmes mariées trop tôt, sont restées stériles. Il résulte encore des calculs de M. Sadler, que les enfans procréés par des mariages trop hâtifs sont plus exposés à la mortalité que les autres. Il est d'ailleurs très fâcheux que le statisticien qui a calculé les tableaux précédens dans des vues particulières, n'ait pas étendu le dernier au-delà de l'âge de 27 ans. Il eût été à désirer aussi qu'il eût fait connaître le rapport des femmes fécondes aux femmes stériles, pour les différens âges auxquels les mariages ont eu lieu.

Afin de ne pas choisir dans une classe privilégiée les individus qu'il examine, M. Sadler a donné aussi une table d'après 2860 cas d'enfantement, observés par le docteur Granville dans plusieurs des principaux établissemens de bienfaisance de Londres; nous la reproduirons ici.

AGE au moment du MARIAGE.	NOMBRE des MARIAGES.	ENFANS venus à TERME.	ENF. VIVANS, lors de L'ACCOUCHEM.	ENFANS MORTS.	DÉCÈS pour une NAISS.	NOMB. MOYEN de naissances pour un an DE MARIAGE.	ENFANS par MARIAG.
13 à 16 ans.	74	376	209	167	0,44	0,46	5,08
17 à 20...	354	1307	751	556	0,43	0,50	3,70
21 à 24..	283	823	474	349	0,42	0,52	2,91
25 à 28..	110	287	170	117	0,41	0,55	2,61
29 à 32.(1)	38	67	46	31	0,31	0,59	2,03

Ce tableau mérite d'être examiné avec soin: d'abord on y remarque encore que la mortalité

---

(1) Il est évident qu'il y a des erreurs dans cette ligne, que nous avons cru devoir reproduire textuellement.

des enfans est un peu moindre à mesure que les mariages sont moins précoces; ensuite, les nombres de la septième colonne, que M. Sadler donne comme ayant été calculés par M. Finlayson, d'après des renseignemens sur les âges des femmes accouchées, qu'il ne fait point connaître, tendraient à montrer que la fécondité augmente à mesure que la femme est moins jeune, et en-deçà de la limite de 32 ans. Néanmoins, d'après la dernière colonne que j'y ai ajoutée et que j'ai déduite des nombres de la table, il est facile de voir que, si la fécondité annuelle est moindre, les femmes *fécondes* qui se sont mariées de bonne heure ont produit, toutes choses égales, plus d'enfans; ce qui revient à l'observation que nous avons déjà faite pour les épouses des pairs. Il est fâcheux que M. Sadler n'ait pas examiné la fécondité dans ces deux cas; il me semble qu'il y aurait trouvé des argumens moins solides en faveur de la loi de population qu'il cherche à établir.

On voit certainement, d'après les nombres de M. Finlayson, une fécondité annuelle un peu plus grande pour les femmes mariées plus tard; mais elle ne compense pas l'excès de fécondité absolue de celles qui se sont mariées de bonne heure. Généralement, quand un homme épouse une femme très jeune, il cherche à la ménager, et sa famille peut devenir nombreuse, sans qu'il se presse de la rendre telle; s'il épouse, au contraire, une femme bien constituée, il ne croit plus les ménagemens aussi nécessaires; et, d'une autre part, s'il veut avoir de la famille, le temps lui devient d'autant plus précieux que sa femme est plus âgée (1).

Il me semble que de tout ce qui vient d'être dit découlent les conséquences suivantes :

1° Les mariages trop précoces amènent la stérilité et produisent des enfans qui ont moins de probabilité de vivre.

2° Un mariage, s'il n'est point sterile, produit le même nombre de naissances, quel que soit l'âge auquel il a eu lieu, pourvu que cet âge ne dépasse pas 33 ans environ pour les hommes, et 26 pour les femmes; après ces âges, le nombre des enfans qu'on peut produire diminue.

3° Du résultat précédent et de la considération des probabilités de vie, on peut déduire que c'est avant 33 ans pour l'homme, et avant 26 pour la femme, que l'on observe la plus grande fécondité.

4° Si l'on tient compte des âges respectifs des

(1) Le tableau de M. Finlayson, qui est plus étendu que celui de M. Sadler, donne 0,78 pour fécondité annuelle d'une femme de 33 à 36 ans, et 1,12 pour une femme de 37 à 39.

mariés, on trouve que, toutes choses égales, les mariages les plus plus productifs sont ceux où l'homme a au moins l'âge de la femme, ou plus que cet âge, sans cependant l'excéder de beaucoup.

D'après ces observations, il devient intéressant de rechercher si l'homme, dans nos climats, se conforme aux lois que la nature paraît avoir attachées à la fécondité, et s'il se reproduit à l'époque de la vie la plus convenable. Pour établir cette époque, il faudrait connaître l'âge des parens au moment de la naissance de leurs enfans. A défaut de ces documens, on peut recourir aux âges auxquels les mariages ont lieu, et admettre avec assez de vraisemblance, comme terme moyen, que la naissance du premier-né date de l'année qui suit l'époque du mariage.

Dans cette hypothèse, il faudrait recourir aux tables de la population; et quelques calculs fondés sur les probabilités de la vie aideraient à déterminer les âges auxquels on se marie. Le tableau suivant fera comprendre la marche que nous avons suivie. La seconde et la quatrième colonne font connaître, d'après la table de la population pour la Belgique, le nombre des femmes et des hommes qui se sont mariés et qui ont l'âge indiqué dans la première colonne, qu'ils soient du reste encore mariés ou dans l'état de veuvage. La troisième et la cinquième colonne indiquent ce que deviennent les mêmes individus dans la période d'âge qui suit, en tenant compte de la mortalité. Les calculs n'ont pas été poussés au-delà de 56 ans, parce que les résultats ne pourraient nécessairement être que très douteux.

AGE.	HOMMES MARIÉS ou veufs.		FEMMES MARIÉES ou veuves.	
	NOMBRE des tables.	NOMBRE réduit.	NOMBRE des tables.	NOMBRE réduit.
De 14 à 16 ans .	o	o	4	4
16 à 20	96	91	403	987
20 à 25	3278	3029	5981	5594
25 à 30	14025	13175	16256	15204
30 à 35	20879	19628	21928	20552
35 à 40	19374	18140	22660	21143
40 à 45	18951	17512	22188	20566
45 à 50	18350	16583	19950	18312
50 à 53	11708	10864	12453	11697
53 à 56	9925	9087	10130	9432

Maintenant, pour connaître le nombre des mariages qui ont eu lieu de 20 à 25 ans, parmi les hommes, il suffira de retrancher du nombre des individus de cet âge qui se sont mariés, le nombre de ceux qui l'étaient déjà avant d'avoir atteint 20 ans; il faut de plus avoir égard à la mortalité de ces derniers; de sorte que de 3278 on retranchera 91 ; le reste 3187 indiquera le nombre des mariages qui ont eu lieu. De la même manière, le nombre des mariages qui ont eu lieu entre 25 et 30 ans s'estimera en prenant la différence des nombres 14025 et 3029. On opérera encore de même sur les classes suivantes; pour les deux classes qui dépassent 50 ans, il faut observer qu'elles ne comprennent que trois années. Pour éviter les embarras de calcul, nous avons dans les résultats suivans employé les nombres d'une année moyenne de chaque période.

AGE	MARIAGES QUI ONT EU LIEU.	
	HOMMES.	FEMMES.
De 14 à 16 ans	0	2
16 à 20	24	80
20 à 25	637	1118
25 à 30	2199	2132
30 à 35	1541	1345
35 à 40	—51	422
40 à 45	162	209
45 à 50	169	—123
50 à 53	586	489
53 à 56	—313	—522

Parmi ces nombres se présentent des quantités négatives, ce qui peut provenir d'une mortalité plus grande que celle que nous avons supposée, ou de ce que certaines périodes d'âge laissent des lacunes dans la population, ou bien encore de ce que les déclarations des mariés ont été faites d'une manière fautive, pour cacher leur âge ou pour d'autres motifs. On remarque en effet que sur les quatre nombres négatifs, trois tombent à côté de la période de 5o ans, qui se trouve surchargée. Plusieurs personnes, pour offrir un nombre rond, comme cela se remarque d'ailleurs dans les récensemens, auront probablement déclaré avoir cinquante ans lorsqu'il leur manquait quelques mois pour les atteindre, ou même lorsqu'elles les avaient déjà dépassés de quelques années. Quant au nombre négatif entre 35 et 4o ans pour les hommes, il correspond à l'époque désastreuse des guerres de la France auxquelles les Belges ont pris part; les hommes de cet âge entraient dans leur dix-neuvième année pendant la période de 1808 à 1813.

En ayant égard à ce qui vient d'être dit, on voit que les hommes en Belgique ne se marient pas avant 16 ans et probablement pas avant 18; les femmes se marient déjà entre 14 et 16 ans. *Le plus grand nombre des mariages, pour les hommes comme pour les femmes, a lieu entre 26 et 3o ans;* les femmes sont cependant plus

précoces que les hommes; le *maximum* semblerait tomber vers 29 ans pour les hommes, et
après 27 ans pour les femmes.

Le nombre de mariages diminue très sensiblement après 35 ans, et il peut être considéré
comme étant à peu près nul, du moins pour les
femmes, après 40 ans. La somme en effet, si l'on
tient compte des signes, est de 53 seulement
entre 40 et 56 ans. Le nombre 53 est relatif, bien
entendu, aux nombres de la table, et non à ce
qui se passe effectivement. Pour les hommes, il
en est un certain nombre qui se marient encore
dans des âges plus avancés; ainsi le tableau précédent en indique 162 de 40 à 45 ans, 169 de 45
à 50 ans, et 273 de 50 à 56 ans.

De cette recherche, il résulterait que les
hommes auraient leur premier-né vers l'âge de
30 ans, et les femmes vers l'âge de 28; c'est ce
qui donnerait la durée d'une génération en Belgique; c'est aussi la durée de la vie moyenne
environ. Nous insisterons particulièrement sur
cette coïncidence.

Il est très remarquable encore que les mariages
ne deviennent fréquens que lorsque l'homme a
dépassé l'âge orageux des passions et du plus
grand penchant au crime, qui tombe vers 24
ans; c'est aussi l'âge où il a terminé le développement de ses qualités physiques, et où ses

qualités intellectuelles tendent à acquérir une plus grande énergie.

Selon M. Friedlander, à qui l'on doit l'article *mortalité* du *Dictionnaire des Sciences médicales*, ce serait vers 3o ans qu'aurait lieu le plus d'accouchemens en Suède et en Finlande (1). Voici les résultats qu'il a présentés d'après 16 années d'observation, prises avant 1795.

AGE de L'ACCOUCHÉE.	NOMB. MOYEN des FEMMES VIV.	ACCOUCHEMENS ANNUELS.	FEMMES POUR dix ACCOUCHEM.	PROPORTION par 1000 ACCOUCHEM.
15 à 20 ans.	134548	3298	408	33
20 à 25	129748	16507	78	165
25 à 30	121707	26329	46	263
30 à 35	111373	25618	43	256
35 à 40	97543	18093	54	181
40 à 45	90852	8518	106	85
45 à 50	78897	1694	465	17
Au-dessus de 50 ans ...	69268	39	17760	0,4

Il serait à désirer que ces sortes d'observations, que l'on peut obtenir avec assez de précision d'après les registres de l'état civil, fussent plus multipliées, et que l'on pût désormais cons-

_____

(1) Page 365.

stater avec plus de soin tout ce qui se rapporte à l'âge des parens et à l'époque de la conception ou de la naissance de leurs enfans.

III. *Influence des lieux.*

Un des premiers points de recherches qui se présente à l'esprit, en s'occupant de ce qui est relatif aux naissances, c'est la détermination de l'influence des climats sur la fécondité. Malheureusement les données que l'on possède sur ce sujet important, sont si incomplètes et modifiées par tant de causes accessoires, qu'il est presque impossible de les dégager de tous les élémens étrangers à la question, et de saisir des résultats qui méritent quelque confiance. Aussi, les opinions sont encore fort partagées ; et l'on ignore si, toutes choses égales, c'est le nord ou le midi qui est le plus favorable à la fécondité.

Si c'est la fécondité de la population que l'on compare, on trouve, même dans les pays voisins, les discordances les plus frappantes, parce que, abstraction faite des erreurs de chiffres, les causes accessoires sont presque toujours plus actives que les influences des climats. Pour en donner un exemple, je citerai le rapport des naissances à la population pour différens pays, d'après la statistique médicale de M. Hawkins (1).

ÉTATS ET COLONIES.	1 NAISSANCE par habitant.
Islande (1819).....................	37,0
Angleterre.........................	35,0
Cap de Bonne-Espérance (1820)......	33,7
France............................	31,6
Suède.............................	27,0
Ile de Bourbon.....................	24,5
Deux-Siciles.......................	24,0
Prusse............................	23,3
Venise............................	22,0
États-Unis........................	20,0

Il serait impossible de trouver entre ces nombres et les degrés de latitude auxquels ils se rapportent, quelque concordance qui pût indiquer une influence de climat. Sans même sortir de la France, on trouve des discordances très grandes pour quelques départemens choisis. Ainsi, le

(1) *Elements of medical Statistics*, by E. Bisset-Hawkins, 1 vol. in-8°. Londres, 1829.

rapport pour le royaume est de 1 naissance pour 32 habitans, tandis que pour les départemens de l'Orne et du Finistère, il a été respectivement de 1 à 44,83 et 25,97, pour les cinq années 1826-30. D'une autre part, en prenant indistinctement des départemens les plus méridionaux de la France, on ne trouve pas de différence sensible avec ceux du nord. Il existe une province en Amérique, celle de Guanaxuato, qui, en 1825, a donné une naissance pour 16,08 habitans (1); ce rapport et celui du département de l'Orne peuvent être considérés à peu près comme formant la limite pour les rapports connus des différens pays.

Puisque la recherche de l'influence des climats sur la fécondité de la population est compliquée par différentes influences plus prononcées, nous devrons nous attacher d'abord à reconnaître celles-ci, afin d'être à même de juger quelle serait la fécondité d'une *même* population placée sous deux climats différens. La difficulté d'ailleurs d'obtenir une évaluation exacte de la population, complique encore singulièrement cette recherche.

---

(1) *Bibliothèque universelle*, 1833, sur la mortalité proportionnelle des populations normandes, par sir F. D'Ivernois.

En prenant la fécondité des mariages dans l'hy-pothèse de populations homogènes, et en ne fai-sant usage que du nombre des mariages et des naissances légitimes, on peut espérer de parvenir à des résultats plus concluans sur l'influence des climats. M. Benoiston de Châteauneuf s'est oc-cupé de cette intéressante question dans une notice *sur l'Intensité de la fécondité en Europe, au commencement du* XIX⁰ SIÈCLE (1) : c'est ce savant que nous prendrons pour guide dans ce que nous dirons sur la fécondité des ma-riages.

« Si l'on partage l'Europe en deux climats uniques, dont l'un, commençant au Portugal et finissant aux Pays-Bas, s'étendrait ainsi du 40ᵉ au 50ᵉ degré, et représenterait le midi ; tandis que l'autre, allant de Bruxelles à Stockolm, ou du 50ᵉ au 67ᵉ degré, représenterait le nord ; on trouvera que, dans le premier, cent mariages donnent 457 naissances ; et que, dans le second, le même nombre d'unions n'en produit que 430. »

« La différence devient encore plus grande, si l'on compare seulement entre elles les deux températures extrêmes. En Portugal, il naît 5,10 enfans par mariage ; en Suède 3,62 seulement. »

_____

(1) *Annales des Sciences naturelles*, décembre 1826.

« Enfin, sans sortir de la France, on peut trouver de nouvelles preuves de cette observation. « La fécondité, dit Moheau, augmente en France » du nord au midi. Là, le terme moyen des » naissances est de 5,o3 par mariage annuel; » et dans les provinces du nord, il n'est que » de 4,64.

» Ce qui était vrai pour nous, il y a cinquante ans, l'est encore aujourd'hui. La moyenne des naissances, prise sur cinq ans (1821-25), est de 4,34 par mariage dans nos provinces du midi (le Dauphiné, le Languedoc, la Provence); et dans la Flandre et la Picardie, elle n'est que de 4,oo (1).

» Ces faits suffisent pour ne point accuser d'inexactitude les écrivains qui ont avancé les premiers que la fécondité était plus grande dans les pays chauds que dans les pays froids : ils ont eu raison.

» Mais si l'on pousse plus loin ces recherches, si en les étendant à beaucoup de pays, on les généralise davantage, alors les différences de climat, de température, de position s'effacent;

(1) M. Benoiston de Châteauneuf prévient qu'il a déduit ici le nombre des enfans naturels; mais il ne dit pas s'il a été à même de faire cette déduction pour les autres pays de l'Europe.

leur influence cesse de se faire sentir, et la nature suit d'autres lois. »

Selon M. Benoiston, il naît, année commune, par mariage (1) :

ÉTATS ET PROVINCES.	ENFANS pour UN MARIAGE.
En Portugal........................	5,14
Dans la province de Bergame...........	5,24
Dans le gouvernement de Venise......	5,45
Dans la Savoie....................	5,65
Dans le Roussillon (Pyrén.–Orientales).	5,17
Dans une partie du Dauphiné (Basses-Alpes)........................	5,39
Dans une partie du Lyonnais (Loire)..	5,68
Dans une partie de l'Anjou (Mayenne).	5,09
Dans une partie du Poitou (Vendée)...	5,46
Dans une partie de la Bretagne (Morbihan)........................	5,52
Dans une partie de la Franche-Comté (Jura)........................	5,01
Dans une partie de l'Alsace (Bas-Rhin).	5,03
Dans le canton de Fribourg...........	5,35
Dans une partie de l'Écosse..........	5,13
Dans la Bohème....................	5,27
Dans la Moscovie..................	5,25
Dans les deux Flandres orient. et occid.	5,27

» Ces différens pays présentent une fécondité très grande, et l'on peut remarquer qu'il s'en trouve huit de montagnes (la Bretagne, la Franche-Comté, le Roussillon, le Comté de Nice, la Savoie, le canton de Fribourg, la Bohème, la

(1) Notice sur l'*Intensité*, etc., page 5.

Bergamasque); on peut voir aussi que ce sont
en général de bons pays, où la terre produit
suffisamment pour les besoins de l'homme. »

« Il paraît que, dans les pays de côtes, les
naissances sont aussi plus nombreuses que dans
l'intérieur des terres, et qu'il peut en être de
même successivement pour les pays de vignes,
de pâturages, de blé, de forêts. »

Le tableau suivant, pour la Belgique, pourra
nous présenter aussi quelques détails intéressans.

PROVINCES.	POPULATION, 1830.	NAISS. 1825-29.	MARIAG. 1825-29.	HABITANS. une naiss.	HABITANS. un mar.	ENFANS par 100 MARIAG.
Anvers	354974	11018	2392	32	149	4,48 [1]
Brabant	556146	18893	4035	29	137	4,68
Flandre occid...	601678	20315	4145	30	169	4,90
Flandre orient..	733938	24148	4246	30	173	5,19
Liége	369937	11837	2382	31	155	4,72
Hainaut	604957	20016	4323	30	140	4,51
Limbourg......	337703	10589	2422	32	139	4,37
Namur.........	212725	11018	1378	32	154	4,57
Luxembourg (2).	292151	10477	2278	28	128	4,67
Royaume........	406,4209	135140	28076	30	144	4,72

(1) La fécondité des mariages a été calculée pour les
années de 1803 à 1829; les nombres de cette province sont
moins sûrs, la population n'étant pas bien connue.

(2) La population du Luxembourg est celle de 1825;
la moyenne des mariages, pour cette province et pour

On voit d'abord que la fécondité, estimée soit par rapport à la population, soit par rapport aux mariages, offre peu de différence, ce qui annonce que les populations sont assez homogènes; et c'est effectivement ce que nous reconnaîtrons plus loin. Le Luxembourg et le Brabant, qui ont produit le plus de naissances, eu égard à la population, sont aussi les deux provinces qui ont présenté, toutes choses égales, le plus de mariages. Les deux Flandres comptent le moins de mariages; mais les mariages y sont plus féconds que dans le reste du royaume, ce qui explique comment le chiffre proportionnel des naissances y est exactement égal à celui de la Belgique entière. Du reste, il deviendrait difficile, à cause du peu d'étendue de ce pays, de reconnaître les effets de quelques-unes des causes influentes qui ont été signalées plus haut, et particulièrement de la différence du climat.

Il importe de faire ici une remarque essentielle, c'est que généralement, dans l'estimation de la fécondité des mariages en Belgique, on a comparé le nombre total des naissances au nombre total des mariages, sans faire la déduction des enfans illégitimes; et j'avoue que moi-même,

_____

celle du Limbourg, n'est prise que pour 3 années au lieu de 5; il en est de même de celle du royaume.

faute de documens, je n'ai point fait cette correction dans mes ouvrages. J'ai lieu de croire, d'après des données partielles, que la proportion des naissances légitimes aux naissances illégitimes doit s'éloigner peu de celle de la France, où 100 mariages produisent 408 naissances, en les prenant indistinctement, et 379 naissances légitimes seulement, c'est-à-dire 29 de moins. En supposant donc que les enfans légitimes et illégitimes présentent le même rapport en Belgique et en France, le chiffre de la fécondité des mariages ne serait plus que 4,4 environ, ce qui lui assigne encore une valeur très élevée comparativement aux autres pays.

La distinction des premières, des secondes, des troisièmes noces devient également importante, afin de pouvoir faire avec quelque précision la part de chacune des causes influentes. Dans les pays en effet où l'on passe facilement à de nouvelles noces, le chiffre de la fécondité des mariages doit être trop faible; car la fécondité de la femme n'est point illimitée; et le rapport des naissances aux mariages doit nécessairement changer, si, les naissances demeurant en même nombre, les mariages viennent à se multiplier.

Parmi les causes influentes sur le chiffre de la fécondité, on peut ranger le séjour des villes et des campagnes. Pendant la période décennale de 1803 à 1813, la seule pour laquelle on puisse établir des calculs en Belgique, on trouve que 100 mariages ont produit dans les villes 484 naissances, et dans les campagnes 450 (1); mais on pourrait encore objecter avec raison que les naissances illégitimes n'ayant point été distinguées des naissances légitimes, cette différence peut n'être qu'illusoire.

Si l'on cherche à établir l'énergie de la fécondité par rapport à la population, on trouve en général, en prenant isolément le chiffre de la fécondité pour les grandes villes de l'Europe, qu'il a une valeur supérieure à celui des campagnes avoisinantes. On peut voir, dans le *Bulletin des Sciences géographiques,* pour avril 1831, un tableau des mouvemens de la population des principales villes de l'Europe, qui, si les élémens en sont exacts, donne une naissance pour 22,4 habitans, relativement à 78 villes qui y sont indiquées. Les villes qui présentent les termes limites sont Utrecht, 19,0; Liverpool, 18,0; Oporto, 19,6; . . . . . . Londres, 40,8; Saint-Pétersbourg, 46,7 (2).

---

(1) *Recherches sur la reproduction et la mortalité.*

(2) La petitesse de ce rapport, pour Saint-Pétersbourg, tient à un état particulier de la population, qui renferme un nombre d'hommes bien supérieur à celui des femmes.

Quand on fait la distinction des villes et des campagnes pour la Belgique, on trouve aussi que le nombre des naissances, comparativement à la population, est plus grand dans les villes; il a été de 1 à 29,1 pendant les années de 1825 à 1829. Dans les campagnes sa valeur a été de 1 à 30,4 : il paraîtrait donc effectivement qu'il existe dans les villes une cause plus active de fécondité que dans les campagnes.

M. Villermé, dans son travail *sur les naissances par mois* (1), a montré que les époques d'insalubrité, principalement celles des épidémies produites par des émanations marécageuses, sont défavorables à la fécondité. Ce savant en a trouvé une preuve directe dans le chiffre des conceptions, qui diminue aux époques de l'année où les émanations marécageuses sont le plus intenses.

M. Sadler, dans l'ouvrage sur la *Loi de la Population*, a examiné les relations qui existent entre le nombre des mariages, le nombre des naissances et celui des décès ; en étendant ses comparaisons aux nombres de différens pays et particulièrement à ceux de l'Angleterre, de la France et de l'ancien royaume des Pays-Bas, il a trouvé qu'en général : *les lieux qui produisent annuellement le plus de mariages, sont ceux où*

(1) *Annales d'Hygiène,* janvier 1831.

la fécondité des mariages est la moins forte ,
comme par une espèce de compensation qui empêche un pays de prendre des accroissemens de
population trop rapides. Le même auteur trouve
que *les pays où les mariages sont très nombreux ,*
sont aussi ceux qui ont une plus grande morta-
lité. On pourra se faire une idée de ses résultats
par le tableau suivant, qui résume les valeurs
obtenues pour la France.

Tableau montrant que l'obstacle préventif di-
minue la fécondité des mariages, et que la
fécondité est réglée par le chiffre de la mor-
talité.

PROPORTION DES MARIAGES :	NOMBRE des départemens.	NAISSANCES légitimes pour 1 mariage.	HABITANS pour 1 décès.
un pour 110 à 120 habit.	4	3,79	35,4
120 à 130	15	3,79	39,2
130 à 140	23	4,17	39,0
140 à 150	18	4,36	40,6
150 à 160	10	4,43	40,3
160 à 170	9	4,48	42,7
170 et davantage.	6	4,84	46,4

Ces faits établis par M. Sadler se trouvent vé-
rifiés par les nombres que donnent les différentes

parties de l'Angleterre. M. Sadler s'est aussi servi des documens que j'avais donnés pour l'ancien royaume des Pays-Bas, et il y a trouvé une confirmation nouvelle de ses résultats. Je présenterai également ce tableau, qui est instructif sous plus d'un rapport (1).

---

(1) En comparant les pays entre eux, après avoir comparé les parties dont ils se composent, et en faisant usage des données qui semblent devoir inspirer le plus de confiance, on trouve :

ROYAUMES.	HABITANS			FÉCONDITÉ.
	POUR UN Mariage.	POUR UNE Naissance.	POUR UN Décès.	
Prusse (a)....	102	23,1	36,2	4,23
Angleterre (b).	128	34,0	49,0	3,77
France (c)....	131,4	32,2	39,7	3,79
Belgique (d)..	144	30,0	43,0	4,72

Ces résultats s'accordent moins bien avec les principes que M. Salder a déduits de ses observations particulières.

(a) *Babbage Brewster's Journal of Sciences*, n° 1, new series.
(b) *Rickman preface to the abstract of the population*, 1821.
(c) *Annuaire du Bureau des Longitudes de Paris*.
(d) *Annuaire de l'Observatoire de Bruxelles*.

PROVINCES.	HABITANS pour 1 mariage.	NAISSANC. pour 1 mariage.	Moyenne.	HABITANS pour 1 décès.	Moyenne.
Limbourg.....	90,3	3,09		4,75	
1 mariage pour moins de 100 habitans.....		3,09	3,09	47,5	47,5
Hollande sept.	104,4	4,50		34,5	
» mérid.	113,3	4,74		35,5	
Zélande	113,7	5,49		31,4	
Utrecht.......	118,2	4,86		36,3	
1 mariage pour 100 à 120 hab,		19.59	4,89	137,2	34,3
Overyssel	121,9	4,60		48,5	
Frise.........	128,7	5,75		46,1	
Drenthe.	130,3	4,69		55,0	
Gueldres......	131,1	4,75		53,7	
Hainaut.......	136,5	4,98		51,1	
Flandre occid..	137,7	5,01		40,7	
1 mariage pour 120 à 140 hab.		29,78	4,96	290,1	48,3
Brabant mérid.	142,2	5,45		38,2	
Anvers........	142,9	4,65		48,8	
Groningue....	149,3	5,17		49,3	
Luxembourg..	149,9	5,37		53,8	
Brabant sept..	150,0	5,14		51,4	
Liége	154,1	5,33		46,2	
1 mariage pour 140 à 160 hab.		31,11	5,18	287,7	47,9
Flandre orient.	165,3	5,82		44,8	
1 mariage pour 160 et plus d'habitans ...		5,82	5,82	44,8	44,8

D'après tous les documens produits par M. Sadler à l'appui de son observation, il me semble qu'on peut effectivement admettre avec un haut degré de probabilité, qu'une grande mortalité amène beaucoup de mariages, et que les mariages sont d'autant moins productifs qu'ils sont plus nombreux. Mais je pense que l'auteur se hâte trop d'en conclure des argumens contre les antipopulationistes, qu'il s'attache à combattre, en s'efforçant de faire prévaloir des théories particulières. Il me semble que les faits qu'il cite, pour acquérir toute l'importance qu'il veut leur donner, devraient être appuyés d'un autre document statistique, savoir, le nombre des mariages en premières, secondes et troisièmes noces. On a dit que les décès font place à des mariages : c'est ce que prouvent les recherches de M. Sadler; on a dit encore que la mortalité augmente la fécondité, et M. Sadler oppose à cette assertion les résultats auxquels il est parvenu. C'est ici, je crois, que pourrait se trouver l'erreur. D'abord, il ne faut pas confondre la fécondité des mariages avec la fécondité d'une population; puis, d'une autre part, dans un pays où la mortalité serait très grande, surtout parmi les personnes adultes, les mariages en secondes et troisièmes noces pourraient être plus nombreux, et chaque mariage

produire ainsi pendant sa durée moins d'enfans,
quoique, dans le fait, la fécondité de la population fût très grande. Par exemple, dans les provinces de la France qui ont le moins de mortalité,
et, comme l'observe M. Sadler, le moins de
mariages, on trouve le plus d'enfans par chaque
mariage. Il me semble que cette dernière observation est une conséquence naturelle de la première : telle femme qui a cinq enfans d'un seul
mariage, aurait pu, la mortalité étant plus forte,
avoir ces cinq enfans de deux mariages successifs, peut-être même d'un plus grand nombre. Il
sera tout naturel alors que la fécondité des mariages doive paraître avoir diminué. Il est même
évident, d'après le raisonnement que je viens de
faire, qu'il faut admettre que, *toutes choses
égales, dans un pays où la mortalité devient
plus grande, les mariages doivent devenir plus
nombreux et la fécondité des mariages devenir
moindre. au contraire.* Ce résultat, que je déduis
de considérations purement rationnelles, se
trouve appuyé des faits allégués par M. Sadler;
mais il ne s'ensuit pas que la fécondité absolue doive devenir moindre dans ce pays, ou que
le pays comptera un nombre annuel de naissances plus faible. Je pense le contraire, et je
crois que je pourrai en donner la preuve plus
tard.

Ce qui rend si souvent les résultats statistiques difficiles à interpréter, c'est que l'on prend pour simples, des faits qui sont complexes de leur nature. Ainsi, il me paraît impossible de rien statuer sur la fécondité des femmes d'un pays, par le seul rapport des mariages et des naissances légitimes : il faut nécessairement avoir égard à la mortalité des pays que l'on examine et tenir compte des mariages en secondes et troisièmes noces. Je regrette que M. Benoiston de Châteauneuf, dans son travail si intéressant *sur la fécondité en Europe,* n'ait pas eu égard à cet élément ; je crois qu'il aurait pu vaincre plusieurs des difficultés que lui présentait son sujet, qui était extrêmement complexe, et s'expliquer quelques anomalies apparentes.

Il faudra aussi que, désormais, dans toutes les recherches sur la fécondité, on ait égard à l'âge auquel on se marie dans les différentes localités. Il est évident, par exemple, que si dans les campagnes on ne se marie pas au même âge que dans les villes, on pourra s'attendre à y trouver, toutes choses égales, des chiffres différens pour la fécondité des mariages. Il en sera de même quand on comparera certains états du nord où l'on se marie très tard, à des pays méridionaux où les mariages sont extrêmement précoces. Je le répète, plus on étudie les phénomènes relatifs à la population, plus on les trouve complexes; mais on a en même temps l'espoir de réussir, par une analyse conduite avec sagacité, et en faisant usage de bons matériaux, à reconnaître les causes dont ils dépendent et à estimer le degré d'influence de chacune de ces causes.

IV. *Influence des années.*

Nous possédons différens documens qui nous font connaître la fécondité des mariages d'un même pays à différentes époques, et qui nous permettent ainsi de juger si, toutes choses égales, cette fécondité a éprouvé des variations indépendantes dés variations annuelles qui résultent d'un état de choses plus ou moins prospère, comme celles qui naîtraient de modifications introduites dans la nature du climat ou d'un avancement progressif de civilisation. En faisant usage des documens sur la Prusse donnés par Sussmilch, et en conservant les périodes de ce savant, nous trouvons d'abord :

PÉRIODES.	NOMBRE MOYEN			BAPTÈMES PAR MARIAGE.
	des MARIAGES.	des BAPTÊMES.	des DÉCÈS.	
1693 à 1697	5747	19715	14862	3,43
1698—1702	9070	24112	14474	3,97
1703—1708	6082	26896	16430	4,42
1709—1711	5835	18833	85955	3,23
1712—1716	4965	21603	11948	4,35
1717—1721	4324	21396	12039	4,95
1722—1726	4719	21452	12863	4,55
1727—1731	4808	20559	12825	4,28
1732—1735	5424	22692	15475	4,18
1736—1737	5522	20394	25425	3,69
1738—1742	5582	22099	15255	3,96
1743—1746	5469	25275	15117	4,62
1747—1751	6423	28235	17272	4,40
1752—1756	5599	28392	19154	5,07
1816—1823	109237	480632	307113	5,40 (1)
1827	106270	524062	368578	4,93 (2)

Les nombres relatifs au commencement de ce siècle concernent les naissances en général, tandis que ceux de Sussmilch ne comprennent que les baptêmes, ce qui peut faire une différence que je ne suis pas à même d'apprécier. Afin d'éliminer les causes accidentelles, j'ai pris des périodes un peu plus étendues que les précédentes.

(1) *Babbage Brewster's Journal of Sciences,* n° 1, new series.

(2) *Bulletin des Sciences,* janvier 1830.

De 1693 à 1708	3,94 baptêmes pour 1 mariage.
1709 à 1721	4,18 »
1722 à 1735	4,36 »
1736 à 1746	4,09 »
1747 à 1756	4,73 »
1816 à 1823	4,40 naissances pour 1 mariage.
1827	4,93 »
Moyenne....	4,37 »

On trouve, pour l'Angleterre, d'après MM. Rickman et Sadler (1).

1760	3.66 baptêmes pour 1 mariage.
1770	3.61 »
1780	3.56 »
1785	3.66 »
1790	3.59 »
1795	3.53 »
1800	3.40 »
1805	3.50 »
1810	3.60 »
Moyenne.......	3.57 »

M. Sadler donne, pour la fécondité des années 1680 et 1730, les nombres 4,65 et 4,25, qui sembleraient prouver que la fécondité a diminué ; mais il pourrait se faire aussi que cet accroisse-

---

(1) Tome II, page 478.

ment apparent dépendît de la manière dont les nombres ont été recueillis (1).

La Suède a donné les résultats suivans (2) :

De 1749 à 1758	4,20 naissances pour 1 mariage.
1759 à 1764	4,05	»
1821 à 1826	4,08	»
Moyenne... 4,009	»

Et j'ai trouvé, pour l'ancien royaume des Pays-Bas,

De 1803 à 1812	4,60 naissances pour 1 mariage.
1815 à 1824	4,74	»
1825 à 1830	4,831	»
Moyenne...... 4,72	»

Il résulterait des exemples qui viennent d'être présentés, que la fécondité des mariages ne varie pas sensiblement dans un même pays et dans le cours d'un siècle, quand on embrasse des

---

(1) On pourrait l'attribuer encore à plus de prudence et de circonspection. On a remarqué aussi que le nombre proportionnel des mariages, depuis un demi-siècle, a successivement diminué en Angleterre. (SAY, *Cours d'Économie polit.*, 7e partie, 2e ch.)

(2) Sadler, tome II, pages 258 et 263.

périodes de temps assez grandes pour éliminer les causes accidentelles amenées par des années plus ou moins heureuses.

Il est remarquable que les épidémies, les disettes et tous les grands fléaux n'exercent pas seulement une influence sensible sur le nombre des décès, mais encore sur la quantité des mariages et des naissances. Il ne suit certainement pas de ce que les vivres sont un peu plus chers une année, qu'il doive en résulter nécessairement moins de naissances et moins de mariages, parce que l'influence de cet accroissement de prix peut être masquée par une autre cause; mais quand la cherté des vivres est bien marquée et qu'il y a véritablement disette, on a les plus grandes probabilités de la trouver inscrite sur les livres des mariages et des naissances; c'est ce qu'on reconnaîtra facilement à l'inspection du tableau suivant pour le royaume des Pays-Bas.

ANNÉES.	NAISSANCES.		DÉCÈS.		MARIAG.	PRIX du FROM.	1. HECTOLIT. DE SEIGLE.
	VILLES.	CAMPAGN.	VILLES.	CAMPAGN.			
						fl.	fl.
1815	59737	135625	49007	88592	48854	4,90	3,50
1816	58095	138507	47327	88796	40801	9,56	7,17
1817	55207	122348	55240	97368	33881	6,79	4,28
1818	55665	128041	49169	91247	39218	5,18	3,82
1819	61788	143504	49738	98659	42401	3,72	2,52
1820	61263	133685	50681	94496	43258	3,74	2,08
1821	65356	145003	49706	88414	44796	3,71	1,87
1822	67794	151747	52078	95475	46949	3,30	2,46
1823	65318	148299	48815	91877	45424	2,95	1,96
1824	67030	151636	47662	87253	44665	2,48	1,51
1825	68078	153813	50689	95449	47097	3,12	2,08
1826	67919	153970	58749	110155	48054	4,02	2,96
Totaux	753250	1706178	608861	1127781	525398		
Moyenn.	62770	142182	50739	93981	43783	4,48	3,03

L'année 1817 présente, pour les villes et les campagnes, un nombre de décès beaucoup plus grand que celui des années antérieures, tandis que les naissances et les mariages ont au contraire été moins nombreux : cette année a été effectivement une année de disette, comme celle qui l'avait précédée. On peut observer que, pendant la pétiode de 1709 à 1711, le même effet a été produit en Prusse, d'après les nombres de Sussmilch qui ont été cités plus haut, mais par une autre cause, la peste qui a ravagé ce pays en 1710. Aussi l'accroissement de mortalité a-t-il été accompagné d'un abaissement dans le chiffre des baptêmes, et celui des mariages a également baissé, mais plus particulièrement dans les années suivantes, sans doute à cause de la lacune qui s'était formée dans la classe des personnes adultes. Une singulière méprise de chiffres avait conduit un des premiers économistes de ce siècle a conclure que les naissances s'étaient multipliées comme pour combler le vide laissé par la peste : il n'est pas rare en effet de voir à la suite de pareils fléaux, la population se remettre au niveau des subsistances par un surcroît de naissances.

En général, les privations ne sont pas seulement mortelles pour l'espèce humaine, elles arrêtent encore son développement ; leur influence ne se fait pas toujours sentir immédiatement : souvent on l'aperçoit encore long-temps après que la cause a cessé d'agir. En 1826, le prix du pain, en Belgique, a reçu un nouvel accroissement, on voit aussi la mortalité devenir plus forte et le nombre des mariages et des naissances que présente l'année suivante, subir une diminution sensible (1) ; cependant ces deux derniers élé-

(1) On a pour les années suivantes :

Années.	Naiss.—villes.	Naiss.—campagnes.	Mariages.
1827	64100	143288	45632
1828	68674	153116	47400

mens, surtout le chiffre des naissances, sont de leur nature moins sujets à varier que le nombre des décès.

Au contraire, dans les années 1821 et 1824, les grains ont été au plus bas prix, et ce sont les années qui, eu égard à l'accroissement de la population, ont présenté la mortalité la moins forte; elle sont suivies aussi d'années qui présentent plus de mariages et de naissances. Les changemens de prix du pain ont une influence tout aussi directement marquée dans les campagnes que dans les villes; peut-être l'observe-t-on moins à l'égard des naissances.

V. *Influence des saisons.*

Les saison sont une influence marquée sur tout ce qui se rapporte à l'homme; elles agissent sur son physique autant que sur son moral. Ainsi, la véhémence de ses passions et l'intensité de son penchant au crime se modifient selon les températures et les climats, et il en est de même de la faculté reproductrice et de la mortalité. Les physiologistes avaient déjà observé l'influence des saisons sur les naissances et les décès de l'homme; mais, en général, leurs résultats étaient peu d'accord, parce qu'ils étaient plus ou moins modifiés par les localités, les temps, et les usages des peuples auxquels ils se rapportaient. En 1824, je publiai quelques recherches spéciales sur ce sujet intéressant, dans les *Nouveaux Mémoires de l'Académie de Bruxelles* (1). Le résultat de ces recherches fut que le nombre des naissances et celui des décès croissent et décroissent alternativement, et que ces nombres atteignent leur *maximum* vers le mois de janvier pour les décès, et vers le mois de février pour les naissances, et leur *minimum* environ six mois après, en juillet (2). Ces conclusions furent confirmées ensuite pour les principales villes des Pays-Bas ; et les résultats généraux du royaume se trouvèrent d'accord avec les premiers nombres obtenus pour Bruxelles. Ces recherches firent l'objet de plu-

---

(1) *Sur les lois des naissances et de la mortalité à Bruxelles,* tome III, page 501. Voyez aussi la *Correspondance mathématique et physique,* tomes I et II.

(2) Le tome XXXIV des *Mémoires de l'Académie royale de Turin,* publié en 1830, contient deux lettres inédites de M. le professeur Vanswinden sur le même sujet, lesquelles nous apprennent que ce savant, dès l'année 1798, était déjà parvenu au même résultat. Nous devons regretter de les avoir connues si tard, de même que les recherches de M. Balbo sur l'*Influence des saisons.* Il paraît, d'après ces recherches, que les décès ne suivent pas à Turin une marche tout-à-fait aussi régulière que chez nous.

sieurs lettres intéressantes de M. le docteur Villermé (1), qui, dans les *Annales d'Hygiène*, a traité, depuis, le même sujet avec tous les développemens désirables, et fait voir que les époques du *maximum* et du *minimum* avançaient ou retardaient selon les climats et les habitudes des peuples.

Nous commencerons par faire connaître le nombre des naissances qu'ont donné les villes et les campagnes de l'ancien royaume des Pays-Bas, pendant les douze années de 1815 à 1826 inclusivement. Afin de faire mieux comprendre la succession de ces nombres, nous avons eu égard à l'inégale grandeur des mois et nous avons pris des quantités qui correspondent à des mois de 31 jours; nous avons aussi pris pour unité dans les deux dernières colonnes, la moyenne du nombre total des naissances, tant pour les villes que pour les campagnes.

---

(1) Voyez dans la *Correspondance mathématique et physique*, tome II, page 286; et dans les *Recherches sur la population, les naissances, etc., dans le royaume des Pays-Bas*, page 15, différentes lettres qui m'ont été adressées par M. Villermé.

| MOIS. | NAISSANCES. | | NAISSANCES. | |
1815 à 1826.	VILLES.	CAMPAGN.	VILLES.	CAMPAGN.
Janvier....	68255	159787	1,067	1,102
Février....	71820	170699	1,122	1,177
Mars......	69267	164851	1,083	1,137
Avril......	66225	147118	1,035	1,014
Mai.......	62102	134446	0,971	0,927
Juin	58730	125026	0,918	0,862
Juillet.....	57151	121512	0,893	0,838
Août......	59620	131657	0,932	0,908
Septembre ..	62731	144389	0,980	0,995
Octobre ...	62500	146362	0,977	1,009
Novembre..	64273	146285	1,005	1,009
Décembre..	65120	148186	1,018	1,022
MOYENNE...	63983	145026	1000	1000

Observons d'abord que l'influence des saisons est beaucoup plus prononcée dans les campagnes que dans les villes, ce qui semble naturel; puisqu'on y trouve moins de moyens de se préserver de l'inégalité des températures. Le *maximum* des naissances en février suppose le *maximum* des conceptions au mois de mai, lorsque la force vitale reprend toute son activité après les rigueurs de l'hiver.

Ne serait-on pas en droit de conclure des résultats précédens, que les climats les plus favo-

7..

rables à la fécondité, sont ceux qui jouissent d'une température douce, et que les excès du froid et du chaud doivent nuire à la propagation de l'homme? Cette induction est d'accord avec les résultats qui ont été exposés plus haut sur l'influence des climats.

Si nous cherchons maintenant à apprécier les différentes causes qui peuvent modifier l'influence des saisons, nous n'aurons pas de meilleur guide à suivre que M. Villermé; et pour ne point altérer les conclusions qu'il a déduites de ses laborieuses recherches, quant aux climats, nous les citerons textuellement, en renvoyant, pour le développement, au travail même de ce savant (1).

« L'influence, soit directe, soit indirecte, de la révolution annuelle de la terre autour du soleil, des grandes variations de la température que cette révolution détermine, et de certaines constitutions météorologiques sur les conceptions, par suite sur les naissances du genre humain, paraît donc bien évidente. Mais cette induction, toute fondée qu'elle soit, ne sera réellement démontrée, qu'autant que de l'autre côté de la ligne de l'équateur, où les saisons se

---

(1) *De la distribution par mois des conceptions et des naissances de l'homme.* (*Annales d'Hygiène.*)

lent dans le même ordre que de ce côté-
ais dans des temps inverses, nous verrons
le retour périodique des mêmes résultats s'effectuer durant les mêmes saisons, c'est-à-dire à
six mois d'intervalle.

» Eh bien! dans la république de Buénos-
Ayres, le seul pays de l'hémisphère austral dont
j'aie pu me procurer les résultats par mois des
naissances, celles-ci se distribuent de telle manière, que leurs plus grands nombres mensuels
tombent en juillet, août et septembre, c'est-à-
dire en hiver; et leurs moindres nombres en
janvier et mai, c'est-à-dire en été. Le renverse-
ment du *maximum* et du *minimum* suit exactement celui des saisons.

» L'influence des diverses positions du soleil
relativement à la terre, sur la distribution par
mois des conceptions, et par suite des naissances,
est donc bien certaine.

» Une autre conséquence : les époques du
maximum et du *minimum* des conceptions avancent dans les pays chauds, et retardent dans les
pays froids, surtout l'époque du *minimum*.

» Enfin, il résulte de tous les faits cités, que,
dans notre état de civilisation, nous sommes,
en partie du moins, soumis aux diverses influences périodiques qu'offrent, sous le rapport
qui nous occupe, les plantes et les animaux. »

VI. *Influence des heures du jour.*

La curiosité m'a porté à rechercher s'il n'existait pas de rapport entre les différentes heures du jour et les instans des naissances (1); je me suis servi à cet effet des résultats qui m'ont été communiqués par M. le docteur Guiette, alors attaché à la Maternité de l'hôpital Saint-Pierre de Bruxelles : ces résultats ont été recueillis pour onze années d'observations, depuis 1811 jusqu'à la fin de 1822. Je les ai communiqués depuis à M. Villermé, qui les a trouvés parfaitement analogues aux résultats obtenus à l'hôpital de la Maternité de Paris, mais qui sont encore inédits, du moins à ma connaissance.

Je présente en même temps que ces observations, qui sont encore peu nombreuses, l'indication des enfans morts-nés, par périodes de six heures, de même que les nombres observés par M. Guiette en 1827 et 1828.

(1) *Correspondance mathématique et physique*, 1827, tome III, page 42; et *Recherches sur la population*, page 21.

HEURES.	NAISSANCES. 1811-1822.	MORTS-NÉS. 1811-1822.	NAISSANCES. 1827-1828.
Après minuit.	798	53	145
Avant midi...	614	51	119
Après midi...	574	59	119
Avant minuit.	694	55	148
TOTAUX....	2680	218	531

On voit, par ces résultats, que les naissances sont plus nombreuses la nuit que le jour; le rapport pour les onze années de 1811 à 1822 est de 1492 à 1188, ou 1,26 à 1; et, pour les deux années d'observations de M. Guiette, de 293 à 238 ou de 1,23 à 1 : il est donc né à peu près exactement 5 enfans pendant la nuit pour 4 pendant le jour.

Ces observations en ont fait naître de semblables : le docteur Buek de Hambourg, en traitant le même sujet, est parvenu aux résultats suivans (1); les nombres sont réduits à 1000.

---

(1) *Nachricht von dem Gesundheits - Zulande der stadt Hamburg*, von N. H. Julius, page 157. In-8°, Hambourg, 1829.

NAISSANCE.	HIVER.	PRINTEMPS.	ÉTÉ.	AUTOMNE.	MOYENNE.
Après minuit.	325	320	291	312	312
Avant midi..	270	252	256	216	249
Après midi ..	190	136	189	225	183
Avant min. .	215	292	264	247	256

Ces nombres donnent le rapport 1,31 à 1 pour la nuit et le jour. Il paraîtrait, d'après les résultats particuliers, que vers les heures de minuit et de midi, les naissances sont généralement le moins nombreuses.

Quant aux morts-nés, la différence des heures n'est pas appréciable sur le petit nombre d'observations qui ont été recueillies.

CHAPITRE III.

DE L'INFLUENCE DES CAUSES PERTURBATRICES SUR LE NOMBRE DES NAISSANCES.

I. *Influence des professions, de la nourriture, etc.*

S'il est vrai que tout ce qui influe directement sur la constitution physique de l'homme pour l'affaiblir ou lui donner de la force, agit également sur sa tendance à se reproduire, et fait varier le nombre et l'espèce des naissances en même temps que les époques auxquelles elles ont lieu, on ne saurait douter de l'influence des professions ni des travaux ou du genre de vie qu'elles supposent.

Il est à regretter cependant qu'on n'ait point de recherches spéciales sur ce sujet intéressant. M. Benoiston, dans son mémoire sur l'*Intensité de la fécondité en Europe*, en a senti l'importance, et s'est attaché surtout à vérifier un fait particulier qui semblait ne plus exiger d'examen ultérieur. On attribuait généralement à la classe des pêcheurs une rare fécondité dans leurs mariages, et l'on en attribuait la cause au phosphore contenu dans le poisson dont ils se nourrissent. Mais des recherches plus approfondies montrèrent que le fait allégué était au moins très douteux; car il se trouva que les arrondissemens maritimes de la France habités par les pêcheurs, donnaient à peu près exactement la même fécondité dans les mariages que le reste du royaume.

M. Villermé, dans son travail *Sur les naissances par mois*, a cherché à reconnaître si les grands travaux ordinaires de la campagne ne diminuent point la fécondité ou ne changent pas les époques des conceptions, mais il n'a pu obtenir aucun résultat concluant.

Il paraît que l'influence des professions est en général masquée par d'autres causes influentes trop prononcées pour qu'avec les élémens statistiques que nous possédons, on puisse l'apprécier d'une manière satisfaisante. Tout ce qu'on peut conclure des recherches faites jusqu'à présent, c'est qu'elle est faible et qu'elle dépend surtout de la quantité et de la nature des alimens et du développement des forces physiques. « Il n'est point de principe d'économie politique sur lequel tous les auteurs soient plus d'accord, dit M. Benoiston (1), que celui qui établit que la population des états se proportionne toujours à la force de leurs produits. C'est en vertu de cette loi, qui souffre bien peu d'exceptions, qu'on n'observe point de naissances nombreuses, chez un peuple pauvre et opprimé, c'est-à-dire manquant d'agriculture, d'industrie et de liberté. Bien loin de là, les populations esclaves s'affaiblissent au lieu de s'accroître. C'est un fait reconnu, qu'à Saint-Domingue, en 1788, trois mariages ne donnaient que deux enfans parmi les noirs, tandis que chaque union, en donnait trois parmi les blancs (2). »

J'ignore si c'est un préjugé mal fondé, que dans les états protestans, les pasteurs ont ordinairement une plus grande famille que dans les autres professions; du reste cette opinion était très accréditée dans l'ancien royaume des Pays-Bas. Mais le fait pourrait s'expliquer non-seulement par la nature même de la profession, mais encore parce que le traitement des pasteurs s'accroissait progressivement avec le nombre de leurs enfans.

---

(1) **Notice** *sur l'Influence de la fécondité en Europe.*
(2) *Traité du commerce des colonies,* page 218.

II. *Influence de la moralité.*

En parlant des naissances légitimes et illégitimes, nous avons fait voir que le concubinage tend à produire moins d'enfans mâles : il pourrait en être de même de toutes les habitudes qui énervent les forces; elles ont en même temps pour résultat de diminuer le nombre des conceptions. Il paraît bien constaté en outre que les femmes qui se prostituent, font le moins d'enfans ou sont stériles (1). Les rapprochemens trop précoces des deux sexes amènent des effets semblables, ou produisent des enfans dont la probabilité de vivre est moindre.

Les habitudes d'ordre et de prévoyance doivent aussi exercer une grande influence sur le nombre des mariages et par suite sur celui des naissances. L'homme dont le sort est peu stable, s'il se laisse conduire par le raisonnement, craint de faire partager à une famille les vicissitudes de fortune auxquelles il est exposé : aussi, beaucoup d'économistes ont soutenu avec raison que le moyen le plus efficace de prévenir une surabondance de population dans un pays, est de répan-

(1) Villermé, *De la distribution par mois, etc.*

dre les lumières et des sentimens d'ordre et de prévoyance. Il est évident que le peuple chercherait bien moins à contracter des alliances et à se former un avenir chargé d'inquiétudes, dans un pays où chaque individu trouverait de la peine à pourvoir à sa propre subsistance. On a cité la grande fécondité de l'Irlande comme un exemple de l'influence que peuvent exercer sur la fécondité le découragement et l'imprévoyance (1). Quand l'homme ne raisonne plus, qu'il est démoralisé par la misère, et qu'il vit au jour le jour, les soins de la famille ne le touchent pas plus que ceux de sa propre existence, et, poussé par le seul plaisir du moment, il se reproduit, sans inquiétude pour l'avenir, en remettant pour ainsi dire à la providence qui l'a nourri lui-même, le soin des enfans auxquels il donnera l'existence.

La prévoyance peut rendre aussi les mariages moins féconds, parce que l'homme cherche moins à se reproduire s'il peut craindre que sa famille, en devenant trop nombreuse, sente un jour les atteintes du besoin ou même se trouve dans la nécessité de s'imposer des privations et de renoncer à une certaine aisance à laquelle elle était habituée. Je ne doute point que des re-

---

(1) Voyez un article de M. D'Ivernois, inséré dans la *Bibliothèque universelle de Genève*, mars 1830.

cherches spéciales, entreprises dans la vue d'é-
claircir ce point intéressant, ne viennent un jour
confirmer ces conjectures ; elles seraient de la
plus grande utilité pour indiquer la marche à
suivre dans tout ce qui se rapporte à l'instruc-
tion qu'il convient de donner au peuple.

Un des exemples les plus frappans des effets
de l'indolence, de la pauvreté et de la démoralisation d'un peuple, nous est donné par la province de Guanaxato, au Mexique, où l'on compte
annuellement 100 naissances pour 1608 habitans,
et 100 décès pour 1970. « Tel voyageur, dit
M. D'Ivernois, qui a observé au Mexique le
triste concours d'une excessive mortalité, d'une
excessive fécondité et d'une excessive pauvreté,
l'attribue au bananier, qui assure presque aux
Mexicains une alimentation suffisante ; d'autres
en accusent la dévorante chaleur du climat, qui
inspire une insurmontable aversion pour le travail, et laisse, en quelque sorte, les habitans de
cette zône d'indolence insensibles à tout autre
besoin qu'à celui qui pousse les deux sexes l'un
vers l'autre. De là les myriades d'enfans dont
la plupart n'arrivent point au sevrage, ou n'ap-
paraissent sur les régistres que pour faire presque immédiatement place à d'autres, dont les
survivans commencent l'inerte et courte existence
de leurs devanciers, victimes comme eux de la

paresse, de l'apathie et des perpétuelles tribula-
tions d'une misère à laquelle ils s'habituent,
sans éprouver plus que leurs pères, le besoin
d'en sortir. Pour se faire une idée de ce qui se
passe dans cette république, il faut lire le rapport d'un suisse qui l'a visitée en 1830. Rien
n'égale la masse de souillures physiques, morales et politiques, dont il a dressé le hideux tableau. Quoiqu'il ait négligé de s'enquérir du
nombre des naissances, il l'a deviné, puisqu'il
appelle le Mexique une *Chine barbare.* »

Les documens de la justice criminelle en France
ont fait connaître un résultat assez curieux,
c'est que l'époque du *maximum* des conceptions
coïncide à peu près avec celle où l'on compte le
plus de viols et d'attentats à la pudeur. M. Villermé
observe avec raison, à ce sujet, que cette coïncidence peut faire naître la pensée que les coupa-
bles y sont parfois portés d'une manière irrésis-
tible, et sans avoir tout leur libre arbitre. Cette
conjecture acquiert le plus grand degré de probabilité par les recherches que j'exposerai plus
loin sur le penchant au crime ; on y verra combien ce sujet est digne de l'attention des philosophes et des législateurs.

La production des enfans illégitimes mérite,
sous plusieurs rapports, une attention particulière; sous le rapport politique surtout, elle devrait

faire l'objet des recherches les plus sérieuses, puisqu'elle tend à répandre dans la société un nombre toujours croissant d'individus dépourvus de moyens d'existence et qui deviennent une charge pour l'État; d'une autre part, ces individus d'un organisation généralement faible, comme nous le verrons bientôt, parviennent rarement à la maturité, de sorte qu'ils ne donnent pas même l'espoir de compenser un jour les sacrifices que l'on fait pour eux. D'après M. Babbage (1), on compte :

	Pour 1000 enf. lég.	Pour 1 enfant illég.
En France....	69,7 enfans illég.	14,3 enfans lég.
Roy. de Naples.	48,4	20,6
Prusse........	76,4	13,1
Westphalie ...	88,1	11,4
Villes de Westphalie	217,4	4,6
Montpellier....	91,6	10,9

On voit que dans les villes de la Westphalie, le nombre des enfans illégitimes est extrêmement élevé. Il y a cinquante ans environ, à Stockholm, à Goettingue et à Leipsig, le sixième des naissances était illégitime; le quart, à Cassel; et

(1) *A letter to the right-hon,* T. P. Courtenay.

le septième à Iéna (1). A Berlin, on a obtenu les
résultats qui suivent :

De 1789 à 1793	26572 naiss. dont 2824 illég.	= 9:1
1794 à 1798	30165	3006	= 9:1
1799 à 1803	31538	3800	= 8:1
1804 à 1808	30459	4941	= 6:1
1819 à 1822	26971	4319	= 6:1
De 1789 à 1822	145705 .	18890	= 7:1

Le nombre des naissances illégitimes a donc
subi une augmentation. Pendant les dernières
années, on a obtenu pour Paris, d'après les *Annuaires du Bureau des longitudes* :

---

(1) Casper, *Beitrage,* etc.

ANNÉES.	NAISSANCES		Une naissance illég. pour nais. légit.
	légitimes.	illégitim.	
1823	27070	9806	2,76
1824	28812	10221	2,82
1825	29253	10039	2,91
1826	29970	10502	2,85
1827	29806	10392	2,86
1828	29601	10475	2,81
1829	28721	9953	2,88
1830	28587	10007	2,85
1831 } (1)	29530	10378	2,83
1832 }	26283	9237	2,84
Moyenne.	287633	101010	2,84

Ainsi, pour 28 naissances, il y en avait à peu près exactement 10 illégitimes ; ce rapport est, je crois, le plus défavorable que l'on ait signalé jusqu'à présent.

---

(1) Dans ces nombres ne sont pas compris 1099 et 1065 enfans reconnus et légitimés postérieurement à leur naissance.

III. *Influence des institutions politiques et religieuses.*

Rien ne paraît plus propre à multiplier la population d'un état, sans lui porter préjudice,
que de multiplier les produits de l'agriculture et
de l'industrie, et de lui assurer une sage liberté
qui soit un garant pour la confiance publique.
L'absence d'institutions libérales qui excitent
l'activité de l'homme et augmentent son énergie
en même temps que son aisance, doit amener ce
qu'on observe en Orient, une population qui
languit et décroît. Dans les États-Unis au contraire, la population augmente avec une rapidité
dont nous n'avons pas d'exemple en Europe.
M. Villermé observe (1) qu'à l'époque de la révolution française, « quand on venait de supprimer la dîme, les impôts sur le vin, sur le
sel, les redevances féodales, etc., les maîtrises
et jurandes (c'est-à-dire à l'époque où les petits
ouvriers, les petits cultivateurs, en un mot,
les prolétaires, la classe incomparablement la
plus nombreuse de la nation, se trouvant tout à
coup dans une aisance inaccoutumée, qu'ils célé-
braient, dans la plus grande partie du territoire,
par des fêtes, des repas et une meilleure nour-

(1) *Sur la Distribution par mois,* etc.

8..

riture), le nombre des naissances augmenta, pour diminuer plus tard. »

Les années de guerre et de paix ont également une influence marquée sur la population ; nous n'en citerons ici qu'un seul exemple. Du temps des guerres de l'empire, on avait cherché à insinuer que la population française, loin de diminuer, ne faisait que prendre de nouveaux accroissemens. M. D'Ivernois, qui a réussi à se procurer les nombres des naissances et des décès pour cette époque, a cherché à vérifier cette assertion, qui a été souvent répétée, et il a trouvé qu'elle était essentiellement inexacte ; il est parvenu de plus à constater deux faits remarquables (1). « Celui qui concerne les naissances apprend que dès le retour de la paix, les habitans de la Normandie s'occupèrent à réparer le plus vite possible les brèches de la guerre. Il nous apprend de même qu'aussitôt qu'elles furent comblées les naissances y ont si bien repris ce qu'on peut regarder comme leur ancienne allure, qu'en 1830, dernière année dont le relevé soit connu, leur excédant sur les décès ne s'est pas même élevé à cinq mille têtes, ce qui, sur 2645798 habitans, présente l'accroissement sans comparaison le plus

_____

(1) *Bibliothèque universelle de Genève.*

faible que l'on connaisse. Les faibles oscillations qu'ont éprouvées les registres normands pendant un tiers de siècle, et leur fixité depuis l'année 1819, autorisent à regarder ce mouvement de population comme la loi qui, dans la Normandie, avait long-temps régi et probablement régira long-temps encore le renouvellement des générations. Le second fait, relatif aux décès, nous apprend de même que loin d'avoir diminué pendant la paix, ils ont éprouvé une légère augmentation. Toutefois, et pour ne point exagérer celle-ci, on ne doit pas perdre de vue que, sous le règne de Napoléon, les militaires morts au dehors ou dans les hôpitaux de l'intérieur, n'étaient jamais portés sur les registres de l'État; tandis qu'à dater de la restauration, le bureau de l'État civil y a inscrit tous les militaires décédés, sauf peut-être ceux qui ont péri dans les courtes expéditions d'Espagne et d'Alger. »

Les préjugés politiques et religieux paraissent avoir été de tout temps favorables à la multiplication de l'espèce; et l'on trouvait, dans une grande fécondité, des signes non équivoques de la bénédiction céleste et d'un état prospère, sans considérer si les naissances étaient en rapport avec les moyens d'alimentation (1). Ce qui peut

(1) Il était reçu que quand il naissait un septième fils,

VILLES.	HABITANS POUR UN DÉCÈS.	HABITANS POUR UNE NAISSANCE.
Barcelonne. . .	29,5	27,0
Berlin.	29,0	21,0
Bordeaux. . .	29,0	24,0
Naples. . . .	28,6	23,8
Dresde. . . .	27,7	23,0
Amsterdam. .	27,5 } 26,6	26,0 } 24,2
Bruxelles. . .	25.8	21,0
Stockholm. . .	24,6	27,0
Prague. . . .	24,5	23,3
Rome.	24,4	30,6
Vienne. . . .	22,5	20,0
Venise. . . .	19,4 } 18,7	26,5 } 23,2
Bergame. . .	18,0	20,0

Tous les nombres qui viennent d'être cités tendent donc à montrer qu'il existe un rapport direct entre l'intensité de la mortalité et celle de la fécondité, ou, en d'autres termes, que le nombre des naissances est réglé par le nombre des décès. Ceci confirme pleinement les idées des économistes qui admettent que la population tend toujours à prendre un certain niveau, déterminé par la quantité des produits. Dans les localités où il existe des causes particulières d'une mortalité plus grande, il doit se faire alors que les générations sont moins longues et se succèdent plus rapidement.

minuer le nombre de conceptions, du moins pendant qu'il dure (1).

Nous avons déjà vu que les époques auxquelles on se marie, influent sur le nombre et l'espèce des naissances que produisent les mariages. M. Villermé a recherché si, pendant les différens mois de l'année, le nombre des mariages qui se contractent a un rapport direct avec celui des conceptions, et il est parvenu à ces conclusions, 1° que ce rapport n'est presque point sensible ; 2° que néanmoins les mariages paraissent être un peu plus féconds, mais extrêmement peu, pendant les premiers mois qu'après ; et 3° qu'il n'est pas prouvé, tout vraisemblable que cela soit, qu'il y ait plus de chances qu'une femme deviendra enceinte dans les premiers jours ou dans les premières semaines de son mariage, quand celui-ci a lieu en avril, mai, juin et juillet, que s'il a lieu à toute autre époque de l'année (2).

---

(1) *Annales d'Hygiène* (*Sur la Distribution*, etc.).
(2) *Ibid.*

CHAPITRE IV.

DES MORTS-NÉS.

En terminant ce qui concerne les naissances, et avant d'examiner ce qui se rapporte aux décès, j'ai cru devoir parler des morts-nés, dont l'existence équivoque semble appartenir autant aux annales de la vie qu'à celles de la mort.

Afin de prendre d'abord une idée générale du sujet, il conviendra de faire connaître quelle est, d'après l'estimation des principaux statisticiens, le rapport des morts-nés aux naissances dans différens pays de l'Europe (1).

---

(1) M. le docteur Casper, dans son mémoire sur *la mortalité des enfans à Berlin,* a présenté, sur les morts-nés des recherches intéressantes dont j'ai emprunté les principaux résultats. *Uber die Sterblichkeit der kinder in Berlin.* Beitrage zur medicinischen-statistick , etc. , in-8°, Berlin 1825.

Lieux.	Naissances pour 1 mort-né.	Auteurs.
Strasbourg.....	11	Friedlander.
Hambourg.....	15	Casper.
Dresde........	17	Rambach.
Paris.........	19	Baumann.
Berlin........	20	Casper.
Vienne........	24	»
Londres.......	27	Black.
Brunswick.....	33	Rambach.
Stockholm.....	36	Wargentin.

La moyenne, d'après ce tableau, donnerait 1 mort-né pour 22 naissances environ ; ce rapport diffère peu de celui de Berlin, qui s'est maintenu à peu près invariablement le même pendant plus de soixante ans. Voici en effet les valeurs qui ont été obtenues, en formant des périodes de plusieurs années,

Périodes.	Naissances pour 1 mort-né.
De 1758 à 1763	23,5
1764 à 1769	20,2
1770 à 1774	17,7
1785 à 1792	18,6
1793 à 1800	20,0
1801 à 1808	18,6
1812 à 1821	19,7
Moyenne...............	19,8

Peu de documens statistiques sont plus sujets à des indications fautives, que ceux qui se
rapportent aux morts-nés; cependant quand un
rapport s'est soutenu avec tant de constance,
dans des limites aussi resserrées, et que les données en ont été recueillies sous différentes administrations, on peut avoir de fortes raisons de
croire qu'il s'éloigne peu de la vérité.

M. Casper pense que le nombre des morts-
nés, comparativement à celui des naissances, est
plus grand dans les villes que dans les campagnes;
mais il ne cite point de résultats à l'appui de cette
assertion, qui du reste est parfaitement justifiée
par les nombres que j'ai trouvés pour la Flandre
occidentale (1). Voici en effet les valeurs obtenues
d'après les années 1827 à 1830 inclusivement.

	NOMBRE MOYEN DES		Rapport.
	Naissances.	Morts-nés.	
Villes.........	5424	266	20,4
Campagnes.....	14637	383	38,2

Le rapport des morts-nés aux naissances dans
les villes, est à peu près exactement le même

(1) *Recherches sur la reproduction et la mortalité*,
page 48.

qu'il est à Berlin, mais il diffère grandement de celui des campagnes: on voit en effet qu'il est à peu près double. Il est naturel alors de se demander d'où proviennent les grands dangers qui, dans les villes, menacent l'enfant avant même qu'il ait vu le jour. Ne pourrait-on pas les attribuer en partie à l'usage des corsets et à l'habitude où sont les femmes de se serrer très fortement?

Ce qui est bien remarquable encore, c'est que la mortalité s'attache aux garçons de préférence aux filles : ainsi, sur les 2597 morts-nés qu'on a comptés dans la Flandre occidentale, 1517 étaient du sexe masculin, et 1080 du sexe féminin, ce qui donne un rapport de 14 à 10 environ. Cette différence est considérable, et comme elle a été à peu près la même dans les tableaux particuliers de chaque année, elle doit être attribuée à une cause spéciale. A Berlin, on a compté, de 1785 à 1794, 1518 morts-nés du sexe masculin, et 1210 du sexe féminin; de 1819 à 1822, on a compté aussi 771 garçons et 533 filles, mis au monde sans vie. Le rapport paraît être de 28 à 20, dit M. Casper; il est donc exactement le même que pour la Flandre occidentale. Cette nouvelle identité de résultats est très remarquable; et il serait intéressant de rechercher les causes d'une circonstance aussi défavorable au sexe masculin. Si l'on voulait hasarder une conjecture à cet égard, on pourrait dire avec ceux qui pensent que la conception d'un garçon suppose un certain excès de force chez la femme, qu'il lui faut ce même excédant pendant sa grossesse, et que s'il vient à manquer, l'enfant en souffrira beaucoup plus si c'est un garçon que si c'eût été une fille. De là, la disproportion parmi les morts-nés des deux sexes; de là aussi, la mortalité plus grande des garçons immédiatement après la naissance et pendant la durée de l'allaitement, période qui les rattache encore en quelque sorte à la mère. Il est évident aussi que les femmes des villes, qui sont plus délicates que celles des campagnes, seront plus exposées à mettre au monde des enfans morts, et surtout si elles portent des garçons.

Nous possédons pour la ville d'Amsterdam (1), des documens statistiques sur les morts-nés, qu'il sera intéressant de rapprocher de ceux qui

---

(2) *Jaarboekje par Lobatto.* Voyez aussi un mémoire de M. Engeltrum, couronné à Utrecht et imprimé en 1830. L'auteur a compté, à l'hospice d'Amsterdam, de 1821 à 1826 :

Naiss.	légit..	488.	Morts-nés,	28.	Rapport,	17	à	1
«	illégit.	1770	»	151	»	12	à	...

précèdent. Voici les nombres originaux fournis
par les années de 1821 à 1832.

*Nombre des morts-nés et des naissances
à Amsterdam.*

ANNÉES.	MORTS-NÉS.			NAISSANCES.		
	Garçons.	Filles.	TOTAL.	Garçons.	Filles.	TOTAL.
1821	288	246	534	3742	3600	7342
1822	280	222	502	3887	3713	7600
1823	268	198	466	3734	3448	7182
1824	266	216	482	4011	3849	7860
1825	207	128	335	3802	3550	7352
1826	231	173	404	3803	3635	7438
1827				3524	3366	6890
1828				3679	3529	7208
1829				3785	3618	7403
1830	241	169	410	3727	3579	7306
1831	208	168	376	3843	3499	7342
1832	210	151	361	3351	3101	6452
Moy.	244	186	430	3741	3541	7282

On a donc compté annuellement un mort-né
par 16,9 naissances; proportion assez défavorable d'après ce que nous avons pu voir précédemment. Le nombre des morts-nés du sexe

masculin l'emporte ici également sur celui des morts-nés de l'autre sexe; et il semblerait assez que c'est une loi générale , puisqu'aucun des documens qui ont été cités ne lui est contraire, et que partout l'inégalité est extrêmement prononcée et donne à peu près la même valeur. Ici les nombres moyens observés sont dans le rapport de 244 à 186, ou de 13 à 10 environ.

Les *Annuaires du Bureau des longitudes* donnent les résultats suivans, à Paris.

ANNÉES.	MORTS-NÉS.			NAISSANCES.		
	Garçons.	Filles.	TOTAL.	Garçons.	Filles.	TOTAL.
1823	847	662	1509	13752	13318	27070
1284	810	677	1487	14647	14165	28812
1825	846	675	1521	14989	14264	29253
1826	810	737	1547	15187	14783	29970
1827	904	727	1631	15074	14732	29806
1828	883	743	1626	15117	14484	29601
1829	925	788	1713	14760	13961	28721
1830	943	784	1727	14488	14099	28587
1831	954	755	1709	15116	14414	29530(1)
1832	994	726	1720	13494	12789	26283
Moy.	8916	7274	16190	146624	141009	287639

(1) **Dans ces nombres ne se trouvent point compris 1099**

D'après ce tableau, on compte à Paris, un mort-né sur 17,7 naissances, à peu près comme à Amsterdam et à Berlin. Ce rapport paraît s'éloigner peu de celui des grandes villes, qu'on pourrait évaluer généralement à 1 sur 18. On voit, encore ici, que les morts-nés du sexe masculin sont plus nombreux que ceux de l'autre sexe; le rapport est de 12,2 à 10.

Les tableaux officiels pour la Monarchie prussienne en 1827, et pour le Danemarck en 1828, ont donné les résultats suivans (*Bulletin de M. de Férussac*, janv. et mai 1830):

	Naissances.	Morts-nés.	Rapport.
Monarchie prussienne.	490660	16726	29 à 1
Danemarck. { garçons.	19954	882	23 à 1
filles ...	18840	690	27 à 1

Ces nombres sont aussi d'accord avec ceux qui ont été donnés précédemment.

Si l'on veut avoir égard à l'influence des saisons sur les morts-nés, voici les résultats que l'on trouve pour Berlin, et pour la Flandre occidentale, pendant les cinq années de 1827 à 1831 inclusivement.

---

et 1065 enfans reconnus et légitimés postérieurement à leur naissance.

MOIS.	MORTS-NÉS à Berlin.	MORTS-NÉS DANS LA FLANDRE.		
		Villes.	Campagn.	TOTAL.
Janvier....	117	140	225	365
Février....	113	141	197	338
Mars.....	120	115	205	310
Avril.....	112	100	160	260
Mai......	110	102	162	264
Juin......	98	104	162	266
Juillet....	92	117	153	270
Août.....	108	108	136	244
Septembre. .	89	108	139	247
Octobre...	104	110	152	262
Novembre. .	124	90	143	233
Décembre. .	121	106	179	285
	1305	1341	2013	3354

Ces résultats tendent à montrer que le nombre des morts-nés est plus grand pendant l'hiver et à la suite de l'hiver que pendant l'été.

M. le docteur Casper a examiné quelques circonstances particulières qui peuvent avoir de l'influence sur le nombre des morts-nés, telles que les conceptions illégitimes, les maladies vénériennes, l'abus des boissons fortes, etc. Ainsi, à Goettingue, sur cent naissances, on a compté 3 morts-nés parmi les naissances légi-

times, et 15 parmi les naissances illégitimes. A
Berlin, les morts-nés sur 100 naissances illégitimes ont été, pendant la moitié du siècle précédent, trois fois plus nombreux que les morts-
nés sur 100 naissances légitimes, et cet état de
choses ne s'est guère amélioré; car, pendant les
quatre années de 1819 à 1822, on a compté :

	Enf. vivan.	Morts-nés.	mort-né. sur
Naissances légitimes...	22,643	937	25 enf.
» illégitimes..	4,002	317	12 (1)

On conçoit en effet que la femme prend généralement moins de précautions pour préserver
l'enfant qu'elle porte dans son sein, quand cet
enfant est illégitime. Il faut ajouter encore que
ces enfans qui sont presque toujours les fruits
de l'inconduite, supposent dans les parens moins
de force et de santé. M. Dugès dit qu'à l'hôpital des vénériens à Paris, il a compté deux
naissances prématurées sur six ou sept accouchemens (2). A Hambourg, pendant l'année 1820,

(1) Les tableaux officiels pour la Monarchie prussienne
entière ont donné en 1827 (*Bulletin de M. de Férussac,*
janvier 1830, page 118), pour 490660 naissances, 16726
morts-nés ; ou 1 mort-né pour 29 naissances.

(2) *Recherches sur les maladies des nouveaux-nés ;* Paris, 1824.

dans une maison où ne se trouvaient guère que des femmes publiques atteintes du mal vénérien, sur 18 naissances illégitimes, il y avait 6 morts-nés ; et dans une autre maison de la même ville, peuplée également en partie de filles publiques, sur 93 naissances se sont trouvés 11 morts-nés.

Ces différens exemples prouvent trop bien la grande influence de la manière d'être des mères sur l'existence des enfans qu'elles portent dans leur sein, pour qu'on ne sente pas l'utilité des recherches sur les morts-nés et sur les causes qui peuvent en multiplier le nombre.

En nous occupant de la mortalité des enfans naissans, il convient d'examiner aussi le sort des mères. Selon Willan, la mortalité dans le grand hospice de la Maternité à Londres, où l'on reçoit annuellement près de 5000 femmes, était

	Pour les mères.	Pour les enfans.
De 1749 à 1758	1 sur 42	1 sur 15
1759 à 1768	1 » 50	1 » 20
1769 à 1778	1 » 55	1 » 42
1479 à 1788	1 » 60	1 » 44
1789 à 1798	1 » 288	1 » 77 (1).

(1) *Casper's Beitrage,* etc., et *Elements of medical Statistics,* par M. Hawkins.

M. Hawkins fait observer que la mortalité dans l'hospice de Londres était de 1 sur 70, en 1826. D'après le même statisticien, dans l'hospice de la Maternité de Dublin, depuis sa fondation en 1757 jusqu'à 1825,

> La perte des enfans a été de 1 sur 19
> » en morts-nés de 1 » 17
> » des mères.. de 1 » 89

On a compté, aussi dans le même hospice, une femme, sur 60 environ, ayant deux jumeaux; et et une sur 4000 ayant trois ou un plus grand nombre d'enfans à la fois.

D'après Tenon, à la fin du siècle dernier, la mortalité, à l'Hôtel-Dieu de Paris, était de 1 sur 15 pour les mères; et l'on comptait 1 mort-né par 13 naissances; mais, en 1822, la mortalité à l'hospice de la Maternité, n'était plus que de 1 sur 30 pour les mères. A la même époque, dans l'hôpital de la Maternité de Stockholm, on perdait, à peu près comme à Paris, une femme en couche sur 29.

A Édimbourg, dans l'hospice de la Maternité, pendant les années 1826, 27 et 28, on n'a perdu qu'une femme sur 100 environ (1).

---

(1) *Elements of medical Statistics.*

D'après le docteur Casper, la mortalité des femmes en couche a été, pour Berlin (1),

De 1758 à 1763	de 1 sur 95
1764 à 1774	de 1 » 82
1785 à 1794	de 1 » 141
1819 à 1822	de 1 » 152

Nous voyons encore ici de combien la mortalité peut varier selon les soins plus ou moins grands dont on entoure l'enfant et la mère au moment de l'accouchement. La plus grande mortalité dont nous ayons fait mention, est celle de l'Hôtel-Dieu de Paris, à la fin du dernier siècle; elle était de 1 sur 15 pour les mères; tandis qu'à Londres, on était parvenu à la réduire à 1 sur 288, ce qui fait une mortalité 19 fois moindre.

---

(1) *Beitrage,* page 180.

CHAPITRE V.

DE L'INFLUENCE DES CAUSES NATURELLES SUR LES DÉCÈS.

I. *Influence des lieux.*

On possède en général sur les naissances moins de documens que sur les décès, peut-être parce que l'homme a moins d'intérêt à savoir la manière dont il est entré dans la vie, que celle dont il en peut sortir. Ce qui tient aux lois des naissances ne semble être pour lui qu'un objet de curiosité, tandis qu'il lui importe de connaître toutes les chances qu'il a de vivre et de mourir. Néanmoins dans les recherches sur la mortalité, il convient de procéder encore avec la plus grande réserve, et de ne pas attribuer, comme l'ont fait beaucoup d'auteurs, la même importance à tous les chiffres que l'on peut recueillir.

La mortalité s'estime en général par le rapport des décès à la population. Or, s'il est généralement difficile de constater par les registres d'un pays le nombre exact des décès, il est bien plus difficile encore d'établir d'une manière précise le nombre d'individus dont se compose la population. Un dénombrement est une opération très délicate qui ne peut s'effectuer que de loin en loin, et qui doit produire des résultats bien différens selon les soins qu'on y apporte et les opinions plus ou moins favorables qui l'accueillent. Dans des lieux, par exemple, où l'on pourrait avoir intérêt à se soustraire au recensement, on trouverait naturellement une estimation trop faible de la population et par suite une estimation trop élevée de la mortalité : il faut donc être très circonspect en comparant un pays à un autre, ou ce pays à lui-même, à des époques différentes.

Ce qui semble d'abord devoir attirer notre attention, c'est l'influence qu'exerce sur la mortalité de l'espèce humaine la différence des climats. La *climatologie*, prise dans la plus grande extension de ce mot, est une science encore trop peu avancée pour que nous puissions nous en occuper ici (1); nous manquons absolument de

(1) Voyez pour l'Angleterre les recherches de M. J. Clarck, relatives à l'*Influence du climat sur les maladies chroniques* (*Annales d'Hygiène*, avril 1830); voyez aussi *la Philosophie de la statistique*, par Melchior Gioja, 2 vol. in-4°, 1826.

données, et surtout de données comparables, quand nous voulons examiner les pays situés hors de l'Europe, ou même ceux de l'Europe où les sciences politiques ont été moins cultivées. Il nous serait impossible d'apprécier avec quelque exactitude les effets des températures plus ou moins élevées dans leurs rapports avec le degré d'humidité ou de sécheresse, avec la direction des vents, le courant des eaux, etc. Nous devrons donc, dans un premier aperçu, faire abstraction de ces dernières circonstances et ne nous occuper que des résultats les plus généraux.

Si nous ne considérons en premier lieu que l'Europe et si nous partageons cette partie de la terre en trois régions principales seulement, afin d'éliminer, autant que possible, les causes accidentelles, nous pourrons avoir une première donnée pour résoudre le problème qui nous occupe. Il serait convenable aussi de ne prendre que les résultats des dernières années afin d'avoir des termes plus comparables.

PAYS.	PÉRIODES.	1 Décès par	AUTORITÉS.
Nord de l'Europe.			
Suède et Nor-			
wège.......	1820	41.1	Marshall.
Danemarck....	1819	45.0	Moreau de Jonnès.(1)
Russie........	vers 1829	27.0	Sir F. D'Ivernois (2).
Angleterre.....	1821 à 1831	51.0	Porter et Rickmann.
Cent. de l'Europe.			
Prusse.........	1816 à 1823	36.2	Babbage.
Pologne.......	1829	44.0	Moreau de Jonnès.
Allemagne.....	1825 à 1828	45.0	»
Belgique......	1825 à 1829	43.1	*An. de l'Ob. de Brux.*
France........	1817 à 1831	39.7	*Ann. du B. des Long.*
Hollande.....	1815 à 1825	38.0	*Rech. Statistique sur*
Empire d'Autri-			*les Pays-Bas.*
che.........	1828	40.0	Moreau de Jonnès.
Suisse........	1827 à 1828	40.0	»
Sud de l'Europe.			
Portugal......	1815 à 1819	40.0	»
Espagne.......	1801 à 1826	40.0	»
Italie.........	1822 à 1828	30.0	»
Grèce.........	1828	30.0	»
Turquie d'Eu-			
rope........	1828	30.0	»
Roy. des Deux-			
Siciles......	1822 à 1824	32.0	Bisset Hawkins.

(1) Les nombres de M. Moreau de Jonnès sont extraits d'une Notice *sur la mortalité dans les différentes contrées de l'Europe.* On doit regretter que l'auteur n'ait pas cité les sources où il a puisé.

(2) *Bibliothèque universelle,* octobre 1833, page 154.

Comme plusieurs des auteurs cités se sont
bornés à donner des rapports, sans produire les
nombres d'où ils sont déduits, je me trouve forcé
de prendre ici les moyennes sur les rapports
mêmes et non sur les nombres, ce qui serait
plus exact. Je pense cependant que je m'écarte-
rai peu de la vérité, en prenant les chiffres suivans pour exprimer la mortalité en Europe:

	1 décès par
Dans le nord de l'Europe...	41,1 habitans.
Centre »	40,8
Sud »	33,7

Quelque défiance que doivent inspirer les
nombres relatifs à la mortalité, je crois qu'on
peut admettre que, dans l'état actuel des choses,
la mortalité est plus grande dans le sud de l'Europe que dans le nord ou dans le centre, sans
préjuger d'ailleurs sur la cause de cette différence, qu'elle tienne aux institutions politiques
ou à la nature même du climat. L'Angleterre
fait surtout pencher la balance en faveur du
nord; si l'on ne faisait point usage de son chiffre
mortuaire, ce serait le centre de l'Europe qui
l'emporterait par sa moindre mortalité.

Si nous sortons maintenant des limites de
l'Europe, pour considérer des lieux plus rapprochés de la ligne équinoxiale, et plus exposés à

des températures extrêmes (1), nous aurons d'après M. Moreau de Jonnès,

Sous la latitude.	Lieux.	1 décès par
6° 10′	Batavia......	26 habitans.
10° 10′	Trinitad.....	27
13° 54′	Sainte-Lucie..	27
14° 44′	Martinique...	28
15° 59′	Guadeloupe..	27
18° 36′	Bombay.....	20
23° 11′	Havane......	33

Ce dernier tableau semble prouver que quand on se rapproche de la ligne équinoxiale, la mortalité va croissant. Il ne faut cependant prendre ces nombres qu'avec méfiance, parce que, parmi les lieux cités, se trouvent plusieurs villes, et que la mortalité est généralement plus forte dans les villes que dans les campagnes, comme nous aurons occasion de le voir. Il est à regretter d'ailleurs qu'on ait encore si peu de données exactes pour les lieux rapprochés de la ligne équinoxiale. D'après M. Thomas, la mortalité des blancs à l'Ile de Bourbon ne serait que de 1 sur 44,8; et d'après des documens publiés en Angleterre, en 1826, par ordre de la chambre des communes, la mortalité

(1) En Islande, de 1825 à 1831, on a compté 1 décès

au cap de Bonne-Espérance était bien moindre encore (1).

Parmi les causes locales qui influent sur la mortalité, j'ai déjà eu occasion de citer le séjour des villes et des campagnes : cette influence est assez prononcée. En Belgique, par exemple, voici les résultats des dernières années :

	Population.	Nombre moyen des décès.	1 décès par
Villes	998,118	27026	36,9 habit.
Campagnes...	3,066,091	65265	46,9

On voit que les rapports de la mortalité ont été à peu près comme 4 à 3. Cette différence sera surtout sensible, si nous examinons la mortalité des principales villes de l'Europe.

---

par 30,0 habitans; ce qui tendrait à montrer que l'excès du froid est aussi contraire à l'homme que l'excès des chaleurs. *Bibliothèque universelle*, octobre 1833, p. 177.

(1) *Elements of medical Statistics*, page 51.

VILLES.	HABITANS POUR UN DÉCÈS, d'après		HABITANS POUR UNE NAISSANCE, d'après	
	Czoerning.	Bisset Hawkins	Czoerning.	Bisset Hawkins
NORD DE L'EUROPE.				
Londres.	51,9	40,0	40,8	
Glasgow.		46,8		29,5(1)
St-Pétersbourg. . .	34,9	37		27,7
Moscow.	33,0		46,7	
Copenhague. . . .	30,3		28,5	
Stockholm. . . .	24,3	24,9	30,0	
			27,0	24,8
CENTRE DE L'EUROPE				
Lyon.	32,3	32,0	27,5	
Amsterdam. . . .	31,0	24,0	26,0	
Paris.	30,6	32,5	27,0	
Bordeaux.	29,0		24,0	
Hambourg. . . .	30,0		25,5	
Dresde.	27,7		23,0	
Bruxelles. . . .	25,5	26,0	21,0	
Berlin.	25,0	34,0	21,0	
Prague.	24,5	24,4	23,3	
Vienne.	22,5	22,5	20,0	
SUD DE L'EUROPE.				
Madrid.	36,0	35,0	26,0	
Livourne.	35,0	31,0	25,5	
Palerme.	33,0		24,0	
Lisbonne.	31,1	28,2	28,3	52,5
Naples.	29,0	52,0	24,0	25,0
Barcelonne. . . .	27,0	24,8	27,0	
Rome.	24,1		31,0	23,6
Venise.	19,4		26,5	
Bergame.	18,0		20,0	30,2

(1) *Topographisch-Historich beschreibung von Reichenberg.* Voy. le *Bulletin des Sciences géographiques,* avril 1833.

En comparant ce tableau à l'un de ceux qui précédent, on reconnaîtra sans peine que la mortalité dans les villes est en général beaucoup plus forte que celle des pays auxquels ces villes appartiennent. Je pense que ce fait est assez bien établi pour qu'on puisse s'y fier, malgré les inexactitudes inhérentes à ces sortes de calculs.

Des résultats qui viennent d'être exposés, il suivrait donc que l'on peut conclure avec un degré de probabilité assez élevé, que, dans l'état actuel des choses et sans préjuger sur la nature des causes influentes, la mortalité est moindre dans les climats tempérés que dans le nord et dans le sud, et qu'elle est plus grande dans les villes que dans les campagnes (1).

Si l'on considère chaque pays en particulier, on trouve ensuite, selon les localités, les différences les plus grandes. Ainsi, en France, le département de l'Orne donne annuellement 1 décès par 52,4 habitans, et celui du Finistère donne 1 décès par 30,4 habitans, différence considérable pour des lieux aussi rapprochés. Dans l'ancien royaume des Pays-Bas et pendant la période

(1) M. Villermé m'a dit être parvenu à des résultats semblables dans un ouvrage inédit, *Des lois de la population, ou rapports de la médecine avec l'économie politique.*

décennale de 1815 à 1824, la province de Zélande comptait 1 décès par 28,5 habitans, et la province de Namur ne comptait qu'un décès par 51,8 habitans. Il est à remarquer qu'une grande mortalité marche presque toujours de front avec une grande fécondité. Pour les localités qui viennent d'être citées, par exemple, on avait :

PAYS.	HABITANS		
	pour une naissance.	pour un mariage.	pour un décès.
Département de l'Orne.	44,8	147,5	52,4
« du Finistère.	26,0	113,9	30,4
Province de Namur...	30,1	141,0	51,8
« de Zélande...	21,9	113,2	28,5

Ainsi la Zélande et le département du Finistère produisaient beaucoup de mariages, de naissances et de décès, tandis que le contraire avait lieu dans le département de l'Orne et la province de Namur. J'avoue que j'ai été souvent tenté d'attribuer des discordances aussi grandes à des estimations fautives de la population ; cependant des recherches plus attentives m'ont fait croire que cet état de choses tient à des causes locales. Dans la province de Zélande, par exemple, qui

est continuellement plongée dans une atmosphère humide, il règne des fièvres et d'autres
maladies qui causent l'excès de mortalité que
nous avons remarqué ; ensuite la population, qui
tend sans cesse à se remettre au niveau des subsistances, produit ce surcroît que nous remar-
quons dans les naissances et les mariages.

Ce que nous observons dans ces provinces,
peut se remarquer encore dans d'autres pays,
où l'on voit également marcher de front une
grande fécondité et une grande mortalité, et
réciproquement. L'Angleterre et la république
de Guanaxuato au Mexique, en donnent des
exemples frappans ; ainsi, l'on compte :

ÉTATS.	HABITANS		
	pour un mariage.	pour une naissance.	pour un décès.
En Angleterre.	134,00	35,00	58,00
Dans la république de Guanaxuato (1).	69,76	16,08	19,70

Ce sont, pour ainsi dire, les deux extrêmes
limites dans l'échelle de la population, et l'on

(1) D'après M. D'Ivernois (*Bibliothèque universelle de
Genève,* 1833).

pourrait ajouter peut-être dans l'échelle de la civilisation.

On peut dire qu'un pays passe à un état plus prospère, quand il donne la vie à moins de citoyens, mais qu'il les conserve mieux. Les accroissemens sont entièrement à son avantage ; car si la fécondité y est moindre, les hommes utiles y sont plus nombreux, et les générations ne se renouvellent pas aussi rapidement au grand détriment de la nation.

L'homme pendant ses premières années vit aux dépens de la société ; il contracte une dette qu'il doit acquitter un jour ; et s'il succombe avant d'avoir réussi à le faire, son existence a été pour ses concitoyens plutôt une charge qu'un bien. Veut-on savoir ce qu'il en coûte ? Prenons les prix les plus bas : je trouve que, depuis la naissance jusqu'à l'âge de 12 à 16 ans, tous les frais d'entretien d'un enfant dans les hospices du royaume des Pays-Bas, s'élevaient, en 1821, dans leur valeur moyenne, à 1110 francs environ, soit 1000 francs seulement, et cette somme n'est point exagérée, même pour la France. Tout individu qui échappe à l'enfance, a donc contracté une espèce de dette dont le *minimum* est de 1000 francs, somme payée par la société pour l'entretien de l'enfant qu'on abandonne à sa charité. Or, il naît annuellement en France, au-delà de 960,000 enfans, dont $\frac{9}{20}$ sont enlevés avant d'avoir pu se rendre utiles ; ces 432,000 infortunés peuvent être considérés comme autant d'amis étrangers, qui, sans fortune, sans industrie, sont venus prendre part à la consommation, et se retirent ensuite sans laisser d'autres traces de leur passage, que de tristes adieux et d'éternels regrets. *La dépense qu'ils ont occasionée, sans tenir compte du temps qu'on leur a consacré, représente la somme énorme de 432 millions de francs!* Si l'on considère d'une autre part les douleurs que doivent exciter de pareilles pertes, douleurs que ne pourraient compenser aucuns sacrifices humains, on sentira combien ce sujet est digne d'occuper les méditations de l'homme d'état et du philosophe vraiment ami de ses semblables. On ne saurait trop le répéter, la prospérité des états doit consister moins dans la multiplication que dans la conservation des individus qui les composent.

Quelques exemples nous ont appris déja que malheureusement une grande mortalité marche généralement de front avec une grande fécondité. Cette assertion paraît, au premier abord, contraire aux observations de M. Sadler ; mais, comme je l'ai fait remarquer, il ne faut pas confondre la fécondité des mariages avec la fécondité de la population; on serait conduit à de graves erreurs; j'ai montré même que, toutes choses égales, une grande mortalité devait entraîner une moindre fécondité des mariages, parce que les mariages en secondes et troisièmes noces se multiplient davantage, et que la durée des mariages en devient généralement moindre.

Pour examiner la question qui nous occupe, il faut comparer les nombres absolus des naissances et des décès au chiffre de la population.

Voici quelques résultats que je prendrai pour les différens pays déjà cités, en les classant d'après l'ordre de la mortalité.

ÉTATS.	HABITANS			
	POUR UN DÉCÈS.		POUR UNE NAISSANCE.	
Angleterre. . . .	5₁,0	5₁,0	35	35,0
Suède.	47,0	} 45,0	27	} 28,5
Belgique.	43,1		3o	
France.	39,7	} 36,5	3₁,6	} 26,5
Hollande.	38,0		27,0	
Prusse	36,2		23,3	
Deux-Siciles. . . .	32,0		24,0	
Rép. de Guanaxuato.	19,7	19,7	16,1	16,1

Je regrette que l'état actuel de la statistique ne me permette pas de présenter les observations d'un plus grand nombre de pays. Je crois cependant que celles que je donne font connaître qu'il existe un rapport assez intime entre la mortalité et la fécondité. Comme je l'ai fait observer plus haut, ce rapport existe aussi entre les différentes provinces d'un même pays.

En classant les villes selon le rapport de la mortalité, on trouve d'après les valeurs moyennes des nombres donnés plus haut, et en laissant de côté Saint-Pétersbourg, ville pour laquelle il y a évidemment erreur :

VILLES.	HABITANS POUR UN DÉCÈS.	HABITANS POUR UNE NAISSANCE.
Londres. . . .	46,0 } 46,4	40,8 } 35,2
Glasgow . . .	46,8	29,5
Madrid. . . .	36,0	26,0
Livourne. . .	35,0	25,5
Moscow. . . .	33,0	28,5
Lyon.	32,2	27,5
Palerme. . . .	32,0 } 32,3	24,5 } 27,0
Paris.	31,4	27,0
Lisbonne. . .	31,1	28,3
Copenhague. .	30,3	30,0
Hambourg. . .	30,0	25,5

VILLES.	HABITANS POUR UN DÉCÈS.		HABITANS POUR UNE NAISSANCE.	
Barcelonne. . .	29,5		27,0	
Berlin.	29,0		21,0	
Bordeaux. : .	29,0		24,0	
Naples. . . .	28,6		23,8	
Dresde. . . .	27,7		23,0	
Amsterdam. .	27,5	26,6	26,0	24,2
Bruxelles. . .	25.8		21,0	
Stockholm.. .	24,6		27,0	
Prague. . . .	24,5		23,3	
Rome.	24,4		30,6	
Vienne. . . .	22,5		20,0	
Venise. . . .	19,4	18,7	26,5	23,2
Bergame. . .	18,0		20,0	

Tous les nombres qui viennent d'être cités tendent donc à montrer qu'il existe un rapport direct entre l'intensité de la mortalité et celle de la fécondité, ou, en d'autres termes, que le nombre des naissances est réglé par le nombre des décès. Ceci confirme pleinement les idées des économistes qui admettent que la population tend toujours à prendre un certain niveau, déterminé par la quantité des produits. Dans les localités où il existe des causes particulières d'une mortalité plus grande, il doit se faire alors que les générations sont moins longues et se succèdent plus rapidement.

Il est à remarquer du reste que, dans les pays que nous avons comparés, le nombre des décès est moindre que celui des naissances; et il en est de même pour les villes, excepté pour Stockholm, Rome, Venise et Bergame. On peut remarquer de plus que ces nombres tendent d'autant plus à devenir égaux, que la mortalité est plus grande, excepté pour l'Angleterre et les villes qui y en font partie; on a en effet pour

Localités.	Rapport des naissances aux décès.
L'Angleterre.........................	1,46
La Suède et la Belgique...............	1,58
La France, la Hollande, la Prusse et les Deux-Siciles........................	1,37
La république de Guanaxuato..........	1,23
Villes comptant plus de 40 habitans pour un décès.......................	1,15
» » de 30 à 40 »	1,20
» » de 20 à 30 »	1,10
» » moins de 20 »	0,81

En étudiant l'influence des localités sur une échelle moins étendue, et en comparant les différentes parties d'une même province, on trouve assez souvent des résultats très dissemblables; ainsi, selon que le pays est uni ou montagneux, entrecoupé de bois ou de marais, les nombres que présente la mortalité peuvent différer d'une manière très sensible. M. Bossi, dans sa *Statisti-que du département de l'Ain*, en a présenté un exemple frappant : il a eu l'idée, pour mieux étudier ces influences des localités, de diviser le département en quatre parties, et il a obtenu, d'après les documens des années 1802, 1803 et 1804, pour résultats:

	1 décès annuel sur habitans.	1 mariage annuel sur	1 naissance annuelle sur
Dans les communes de la montagne..........	38,3	179 hab.	34,8 hab.
De rivage............	26,6	145	28,8
De la plaine emblavée...	24,6	135	27,5
Du pays d'étangs ou de marais.	20,8	107	26,1

Ces résultats remarquables fournissent une nouvelle confirmation de ce qui a été dit sur le rapport direct qui existe généralement entre les décès, les mariages et les naissances. On voit en même temps combien le voisinage des marais et des eaux stagnantes peut devenir funeste. M. Villermé cite un exemple très frappant de l'influence des marais.

« A Vareggio, dit ce savant (1), dans la prin-

(1) *Des Épidémies* (*Annales d'Hygiène,* janv. 1833, page 9).

cipauté de Lucques, les habitans en petit nombre et dans un état déplorable de misère et de barbarie, étaient chaque année, depuis un temps immémorial, attaqués, à la même époque, par des fièvres d'accès; mais, en 1741, on construisit des écluses dont les portes mobiles permettaient l'écoulement dans la mer de l'eau des marais, et s'opposaient à ce que ceux-ci fussent de nouveau submergés par la mer, lors des flux et des tempêtes. Cette construction, qui supprima les marais d'une manière permanente, fit aussitôt disparaître les fièvres. Bref, le canton de Vareggio est aujourd'hui l'un des lieux les plus salubres, les plus industrieux, les plus riches des côtes de la Toscane; et une partie des familles dont les grossiers aïeux succombaient, sans savoir s'en garantir, aux épidémies d'*aria cattiva*, y offrent une santé, une vigueur, une longévité et un caractère moral qui jadis étaient inconnus. » De semblables épidémies règnent à des époques déterminées sur les bords de l'Escaut et produisent ce que l'on nomme dans le pays les fièvres des polders; ces fièvres viennent à la suite des grandes chaleurs et contribuent beaucoup à mettre la Zélande dans un état qui se rapproche de celui de Vareggio et des pays marécageux cités par M. Bossi.

M. Villermé m'a fait remarquer un nouvel exemple de l'accroissement de mortalité, produit sous l'influence des marais (1). Ainsi, dans l'île d'Ély, en Angleterre, et pendant la période de 1813 à 1830 inclusivement, sur 10000 décès qui auraient eu lieu depuis la naissance jusqu'à l'âge le plus avancé, on en a compté 4731 avant l'âge de 10 ans accomplis, tandis qu'on en a compté seulement 3505 dans l'ensemble des autres districts agricoles de l'Angleterre. Ce serait aussi dans l'île d'Ély, 3712 décès de 10 à 40 ans, sur 1000 qui ont eu lieu depuis l'âge de 10 ans jusqu'à la plus grande vieillesse; et seulement 3142 dans les autres districts agricoles, mais non marécageux comme l'île d'Ély.

M. Villermé a fait aussi un mémoire très curieux sur la mortalité dans Paris et dans les grandes villes (2), et les principales conclusions de ce travail montrent que la richesse, l'aisance, la misère sont, dans l'état actuel des choses, pour les habitans des divers arrondissemens de Paris, par les conditions dans lesquelles elles les placent, les principales causes auxquelles il faut

---

(1) Voyez la lettre de M. Villermé, insérée dans le *Bulletin de l'Académie de Bruxelles,* n° 23, pour juin 1834.

(2) *Annales d'Hygiène,* juillet 1830.

attribuer les grandes différences que l'on remarque dans la mortalité. L'éloignement et le
rapprochement de la Seine, la nature du sol, son
abaissement à l'est et à l'ouest, les hauteurs qui
limitent Paris au nord et au midi, l'exposition
particulière à certains quartiers, les eaux diverses
dont on fait usage, toutes circonstances qui peuvent modifier en quelque sorte le climat général
de la ville dans une de ses parties, n'y apportent
pas de différences sensibles. Pour rendre ces conclusions plus évidentes, je rapprocherai dans
un même tableau les principaux résultats de
M. Villermé; les nombres se rapportent à la période de 1822 à 1826.

Arrondissemens (1)	Habitans pour un décès à domicile	Surface occupée par les bâtimens	Surface occupée par un individu dans les maisons	Location non imposée (2)	Valeur moyenne d'une location	LOCATION IMPOSÉE	
						à la seule contrib. pers.	à une patente de plus de 3of.
			Mét.		fr.		
2ᵉ	71	0,75	26	0,11	605	0,40	0,47
3ᵉ	67	0,55	15	0,07	426	0,38	0,44
1ᵉ	66	0,57	65	0,11	498	0,49	0,35
5ᵉ	64	0,46	19	0,22	226	0,28	0,36
4ᵉ	62	0,59	7	0,15	328	0,23	0,49
11ᵉ	61	0,55	22	0,19	258	0,39	0,32
7ᵉ	59	0,82	11	0,22	217	0,29	0,35
6ᵉ	58	0,62	13	0,21	242	0,20	0,45
9ᵉ	50	0,60	16	0.31	172	0,26	0,30
10ᵉ	49	0,53	46	0,23	285	0,46	0,24
8ᵉ	46	0,46	47	0,32	173	0,25	0,31
12ᵉ	44	0,64	37	0,38	148	0,19	0,29

(1) Le 2ᵉ arrondissement comprend les quartiers suivans: Chaussée-d'Antin, Palais-Royal, Feydeau et faubourg Montmartre; le 3ᵉ, Montmartre, faubourg Poissonnière, St-Eustache et Mail; le 1ᵉʳ, Roule, Champs-Élysées, place Vendôme et Tuileries; le 4ᵉ, St-Honoré, Louvre, Marchés et Banque; le 5ᵉ, faubourg Saint-Denis, porte Saint-Martin, Bonne-Nouvelle et Montorgueil; le 11ᵉ, Luxembourg, École de Médecine, Sorbonne et Palais-de-Justice; le 7ᵉ, Sainte-Avoie, Mont-de-Piété, Marché-Saint-Jean et Arcis; le 6ᵉ, porte St-Denis, St-Martin-des-Champs, Lombards et Temple; le 9ᵉ, Ile-Saint-Louis, Hôtel-de-Ville, Cité et Arsenal; le 10ᵉ, Monnaie, Saint-Thomas-d'Aquin, Invalides et faubourg Saint-Germain; le 8ᵉ, St-Antoine, Quinze-Vingts, Marais et Popincourt; le 12ᵉ, Jardin-du-Roi, Saint-Marcel, Saint-Jacques et Observatoire.

(2) On a ramené à 100 toutes les locations de chaque

II. *Influence des sexes.*

L'influence des sexes est extrêmement prononcée dans tout ce qui concerne les décès ; déjà même elle se fait ressentir avant que l'enfant ait pu voir le jour. Pendant les quatre années de 1827 à 1830, on a compté dans la Flandre occidentale 2597 morts-nés, dont 1517 du sexe masculin, et 1080 du sexe féminin ; ce qui donne un rapport de 3 à 2 environ. Cette différence est considérable, et comme elle se reproduit dans les tableaux de chaque année, elle doit être attribuée à une cause spéciale.

Du reste, cette mortalité n'affecte pas seulement les enfans mâles avant leur naissance, mais encore à peu près pendant les dix ou douze premiers mois qui la suivent ; c'est-à-dire à peu près pendant le temps de l'allaitement, comme on le verra par les documens suivans relatifs à la Flandre occidentale.

---

arrondissement, de manière à montrer combien, sur le nombre, il y en a qui ne paient aucun impôt, combien sont imposés à la seule contribution personnelle, et combien à la patente. Les locations non imposées représentent les pauvres.

AGES.	VILLES.		RAPPORT.	CAMPAGNES.		RAPPORT.
	Garçons.	Filles.		Garçons.	Filles.	
0 à 1 mois	3717	2786	1,33	8180	5769	1,42
1 à 2	930	682	1,36	2012	1609	1,25
2 à 3	607	500	1,21	1480	1161	1,27
3 à 4	532	382	1,39	1192	984	1,22
4 à 5	403	322	1,25	968	774	1,25
5 à 6	346	329	1,05	831	707	1,18
6 à 8	569	508	1,12	1331	1117	1,20
8 à 12	1148	1030	1,11	2505	2453	1,02
1 à 2 ans	2563	2409	1,06	4994	4920	1,02
2 à 3	1383	1337	1,03	2927	2879	1,02
3 à 4	908	908	1,00	1606	1748	0,92
4 à 5	556	583	0,96	1200	1184	0,99

Il paraît donc hors de doute qu'*il existe une cause particulière de mortalité qui frappe de préférence les enfans mâles avant et immédiatement après leur naissance.* Les effets sont tels, que le rapport des décès est, avant la naissance, de 3 à 2; pendant les deux premiers mois qui la suivent, de 4 à 3 environ; pendant le troisième, le quatrième et le cinquième mois, de 5 à 4; et après le huitième ou le dixième mois, la différence est à peu près nulle.

L'inégalité dans le nombre des décès, pour les enfans des deux sexes, vers l'époque de la naissance, est un fait remarquable dans l'histoire

naturelle de l'homme et mérite de fixer l'attention des physiologistes. Il est impossible de l'attribuer à l'excès des naissances masculines sur les
naissances féminines, puisque le rapport de ces
derniers nombres est à peine de 20 à 19; ce rapport pourrait, tout au plus, expliquer la différence
de mortalité pour les âges qui dépassent la première année.

L'influence des sexes se fait apercevoir à différens âges d'une manière plus ou moins curieuse;
on pourra s'en faire une idée par le tableau qui
suit, formé d'après les nombres recueillis dans
les différentes provinces de la Belgique.

AGE.	DÉCÈS MASCULINS POUR 1 DÉCÈS FÉMININ.	
	Villes.	Campagnes.
MORTS-NÉS.	1,33	1,70
de 0 à 1 mois	1,33	1,37
1 à 2	1,37	1,20
2 à 3	1,22	1,21
3 à 6	1,24	1,16
6 à 12	1,06	1,03
1 à 2 ans	1,06	0,97
2 à 5	1,00	0,94
5 à 14	0,90	0,93
14 à 18	0,82	0,75
18 à 21	0,98	0,92
21 à 26	1,24	1,11
26 à 30	1,00	0,86
30 à 40	0,88	0,63
40 à 50	1,02	0,83
50 à 60	1,07	1,18
60 à 70	0,96	1,05
70 à 80	0,77	1,00
80 à 100	0,68	0,92

Ce tableau indique le rapport entre les décès des deux sexes pour chaque âge, sans égard à la population. Les nombres pour les campagnes peuvent du reste être considérés comme représentant fidèlement la grandeur de la mortalité relative, parce qu'à chaque âge, les individus des deux sexes sont à peu près en même nombre; ce qui n'a pas lieu dans les villes, du moins pour les vieillards. Le rapport des villes, en ayant égard à la population, est en général très grand pour les âges avancés; il représente néanmoins les mêmes alternatives d'augmentation et de diminution que le rapport calculé pour les campagnes.

Ainsi, vers la naissance, il meurt plus d'hommes que de femmes; vers deux ans, la mortalité des deux sexes devient à peu près la même; celle des femmes augmente ensuite et devient très sensible entre 14 et 18 ans, c'est-à-dire après la puberté; entre 21 et 26 ans, époque des passions les plus vives, c'est la mortalité de l'homme qui l'emporte sur celle de la femme; de 26 à 30, époque des mariages, la mortalité est à peu près la même pour les deux sexes, mais elle devient encore très sensible chez les femmes pendant tout le temps de la fécondité; lorsqu'elles cessent de procréer, cette mortalité diminue; puis les deux sexes achèvent de s'éteindre dans la proportion respective où la mortalité les a laissés.

La grande mortalité des femmes de la campagne pendant le temps de la fécondité, peut tenir à la nature des travaux pénibles qu'elles ont à supporter à une époque qui exige les plus grands ménagemens. Ces travaux, au contraire, par leur régularité, sont bien loin d'être aussi préjudiciables aux hommes. En général, le déréglement de la conduite et la facilité de suivre l'impulsion de ses passions, deviennent très funeste à l'homme qui habite l'enceinte des villes.

III. *Influence de l'âge.*

De toutes les causes qui modifient la mortalité de l'homme, il n'en existe aucune qui exerce une influence plus grande que l'âge. Cette influence est universellement reconnue, et son appréciation est un des premiers objets dont le calcul des probabilités s'est occupé dès sa naissance. La première table de mortalité paraît dater de l'année 1693 ; on la doit à l'astronome Halley, qui la construisit d'après les documens de la ville de Breslaw. Des tables semblables ont été construites, depuis, pour les principaux pays de l'Europe ; cependant il en est peu où l'on ait introduit la distinction des sexes. La France même ne possède pas encore de table générale de mortalité où l'on ait eu égard à cette distinction, et toutes les sociétés d'assurances continuent à baser leurs calculs sur l'hypothèse que la mortalité est la même pour les deux sexes. Cependant les Anglais ont senti le besoin de modifier les tarifs de leurs sociétés d'assurances, et M. Finlaison, secrétaire pour la dette nationale, a fort bien montré qu'il devenait nécessaire de tenir compte de la mortalité plus grande des hommes.

Les tables que je présente ici, pour la Belgique, ne contiennent pas seulement la distinction des sexes, mais elles font, pour la première fois, une distinction entre le séjour des villes et celui des campagnes. J'ai aussi pris soin d'indiquer la mortalité pendant les premiers mois qui suivent la naissance. Les données qui ont concouru à former ces tables, ont été recueillies avec soin et pendant trois ans, sur les registres de l'état civil en Belgique. Afin de rendre les résultats comparables, j'ai pris une même base et calculé la mortalité, en supposant 10,000 naissances pour chacun des deux sexes, dans les villes et dans les campagnes. Une cinquième table fait connaître la mortalité dans le royaume, sans avoir égard aux distinctions qu'établissent les premières.

| AGE. | TABLE DE MORTALITÉ DE LA BELGIQUE | | | | TABLE GÉNÉRALE. VILLES ET CAMPAGNES. |
| | POUR LES VILLES. | | POUR LES CAMP. | | |
	HOMMES.	FEMMES.	HOMMES.	FEMMES.	HOMMES ET FEMMES.
NAISSANC.	10000	10000	10000	10000	100000
1 mois.	8840	9129	8926	9209	90396
2	8550	8916	8664	8988	87936
3	8361	8760	8470	8829	86175
4	8195	8641	8314	8694	84720
5	8069	8540	8187	8587	83571
6	7961	8437	8078	8490	82526
1 an.	7426	7932	7575	8001	77528
18 mois.	6954	7500	7173	7603	73367
2 ans.	6626	7179	6920	7326	70536
3	6194	6761	6537	6931	66531
4	5911	6477	6326	6691	64102
5	5738	6295	6169	6528	62448
6	5621	6176	6038	6395	61166
7	5547	6095	5939	6299	60249
8	5481	6026	5862	6215	59487
9	5424	5966	5792	6147	58829
10	5384	5916	5734	6082	58258
11	5352	5873	5683	6018	57749
12	5323	5838	5634	5960	57289
13	5298	5807	5589	5908	56871
14	5271	5771	5546	5862	56467
15	5241	5732	5502	5796	56028
16	5209	5689	5456	5725	55570
17	5171	5645	5408	5668	55087
18	5131	5600	5357	5608	54575
19	5087	5551	5302	5546	54030
20	5038	5500	5242	5484	53450
21	4978	5445	5178	5421	52810

AGE.	TABLE DE MORTALITÉ DE LA BELGIQUE				TABLE GÉNÉRALE. VILLES ET CAMPAGNES.
	POUR LES VILLES.		POUR LES CAMP.		
	HOMMES.	FEMMES.	HOMMES.	FEMMES.	HOMMES ET FEMMES.
22 ans.	4908	5387	5109	5356	52172
23	4827	5326	5036	5289	51465
24	4740	5264	4958	5222	50732
25	4662	5201	4881	5153	49995
26	4590	5138	4805	5085	49298
27	4523	5074	4734	5016	48602
28	4459	5010	4673	4948	47965
29	4397	4946	4620	4880	47350
30	4335	4881	4572	4812	46758
31	4275	4816	4525	4744	46170
32	4214	4751	4478	4677	45584
33	4154	4686	4431	4609	44996
34	4094	4622	4384	4542	44409
35	4034	4558	4337	4474	43823
36	3976	4490	4296	4401	43236
37	3918	4418	4255	4329	42650
38	3860	4347	4215	4257	42064
39	3802	4277	4174	4185	41476
40	3744	4208	4134	4112	40889
41	3678	4148	4090	4041	40300
42	3611	4088	4044	3971	39697
43	3544	4027	3995	3901	39106
44	3477	3967	3943	3831	38504
45	3411	3907	3887	3761	37900
46	3352	3846	3827	3701	37295
47	3293	3783	3767	3640	36690
48	3233	3720	3707	3579	36084
49	3174	3656	3647	3519	35477
50	3115	3592	3588	3458	34789
51	3040	3520	3512	3392	34153

AGE.	TABLE DE MORTALITÉ DE LA BELGIQUE				TABLE GÉNÉRALE. VILLES ET CAMPAGNES.
	POUR LES VILLES.		POUR LES CAMP.		
	HOMMES.	FEMMES.	HOMMES.	FEMMES.	HOMMES ET FEMMES.
52 ans.	2962	3448	3435	3323	33418
53	2881	3375	3358	3256	32676
54	2810	3300	3276	3187	31930
55	2739	3225	3194	3118	31179
56	2667	3150	3111	3049	30424
57	2583	3080	3026	2982	29656
58	2499	3010	2939	2912	28875
59	2415	2939	2851	2840	28081
60	2329	2862	2767	2762	27242
61	2239	2779	2677	2677	26356
62	2146	2689	3587	2586	25423
63	2051	2595	2495	2495	24465
64	1956	2498	2387	2405	23478
65	1859	2397	2277	2310	22462
66	1754	2292	2163	2200	21362
67	1649	2187	2049	2086	20263
68	1556	2085	1942	1983	19219
69	1466	1983	1835	1875	18175
70	1372	1864	1713	1758	17017
71	1279	1741	1587	1642	15860
72	1184	1627	1474	1530	14749
73	1087	1514	1358	1420	13638
74	989	1389	1236	1300	12461
75	891	1261	1114	1182	11273
76	806	1134	996	1061	10120
77	721	1011	882	940	9014
78	631	900	770	832	7910
79	541	789	664	723	6853
80	463	682	566	619	5867
81	394	585	482	535	5031

AGE.	TABLE DE MORTALITÉ DE LA BELGIQUE				TABLE GÉNÉRALE. VILLES ET CAMPAGNES.
	POUR LES VILLES.		POUR LES CAMP.		
	HOMMES.	FEMMES.	HOMMES.	FEMMES.	HOMMES ET FEMMES.
82 ans.	332	495	414	460	4299
83	273	411	353	390	3627
84	225	346	294	323	3016
85	184	289	239	262	2464
86	150	239	191	211	1989
87	120	192	152	168	1585
88	93	150	117	132	1233
89	69	116	88	97	924
90	49	86	67	71	682
91	37	65	48	54	510
92	28	47	38	40	387
93	18	33	27	32	282
94	11	24	20	24	207
95	9	18	14	18	153
96	5	12	10	12	105
97	4	8	7	7	67
98	2	4	4	4	39
99	1	2	2	2	20
100	»	1	1	1	10
101	»	»	»	»	5
102	»	»	»	»	2
103	»	»	»	»	1
104	»	»	»	»	»

A la seule inspection de la table, on s'aperçoit que la vie probable, après la naissance, est, en général, de 25 ans, c'est-à-dire qu'à l'âge de 25 ans, le nombre des enfans qui sont nés en même temps se trouve réduit de moitié. En faisant la distinction des sexes, on trouve la vie probable des filles plus longue que celle des garçons : elle est en effet de 27 ans dans les campagnes et de plus de 28 dans les villes, tandis que pour les garçons, elle est de moins de 24 ans dans les campagnes et de moins de 21 ans dans les villes.

C'est vers l'âge de 5 ans que la vie probable est la plus longue, quels que soient le sexe et le lieu du séjour ; à cette époque, la vie probable est de 51 ans pour les femmes des villes et les hommes des campagnes ; et de 48 ans pour les femmes des campagnes et les hommes des villes.

Cet âge de 5 ans, où finissent les dangers les plus grands qui entourent l'enfance, est très remarquable dans l'histoire naturelle de l'homme ; à mesure qu'on s'en éloigne, la vie probable devient de plus en plus courte ; ainsi, à l'âge de 40 ans, elle est de 27 ans pour les habitans des campagnes et les femmes des villes, et de 25 ans seulement pour les hommes des villes ; pour les sexagénaires, elle est de 12 à 13 ans ; enfin, pour les octogénaires, elle n'est plus que de 4 ans.

En général, la mortalité est plus grande pour

l'homme qui habite l'enceinte des villes. Cette mortalité plus forte tient sans doute aux dérangemens et aux excès de toute espèce auxquels l'homme des villes est sans cesse exposé.

En faisant usage de la table de mortalité qui vient d'être donnée, on trouve, pour valeur de la vie moyenne en Belgique, 32,15 ans ; quand on établit la distinction des sexes, on a, pour les hommes, 29,24 ans dans les villes, et 31,97 dans les campagnes ; on a également, pour les femmes, 33,28 ans dans les villes, et 32,95 dans les campagnes. D'après le dernier ouvrage de M. Rickman, la vie moyenne serait en Angleterre de 33 ans (32 pour les hommes, 34 pour les femmes) (1). On l'estime en France de 32,2 ans d'après le chiffre des naissances (2). Du reste, ces calculs supposent une population stationnaire, et nous aurons occasion de voir qu'ils peuvent conduire à des erreurs assez graves.

Je ferai succéder à ces premières considérations, un examen plus attentif des différens âges

---

(1) *Preface to the abstract*, etc., page 46.

(2) *Annuaire du Bureau des longitudes*, pour l'année 1834, p. 102.

critiques de l'homme et de la femme, ainsi que des degrés de viabilité aux différens âges.

Ce qui doit d'abord fixer notre attention, c'est la grande mortalité des enfans après leur naissance; pour s'en faire une juste idée, il suffit de considérer que, dans les villes comme dans les campagnes, il meurt pendant le premier mois qui suit la naissance quatre fois autant d'enfans que pendant le second mois; et presque autant que pendant les deux années qui suivent la première, quoique la mortalité soit alors encore très forte. La table de mortalité montre en effet qu'un *dixième des enfans disparaît dès le premier mois qui suit la naissance.* Ce nombre est égal à celui des survivans qui meurent entre 7 et 24 ans, ou entre 24 et 40 ans, ou bien encore à celui des survivans qui atteignent plus de 76 ans. MM. Milne Edwards et Villermé ont fait des recherches intéressantes sur la mortalité des enfans nouveaux-nés; Toaldo, en Italie, l'attribuait en grande partie à l'usage où l'on est de porter les enfans aux églises immédiatement après leur naissance, souvent par les froids les plus rigoureux, et de les exposer ensuite tout découverts aux eaux du baptême.

La mortalité est si grande, surtout pour les enfans mâles, que, dès la première année qui suit la naissance, le nombre en est déjà réduit du quart. La perte des garçons dans les villes est telle, la cinquième année, de 10,000, il n'en reste plus que 5738.

L'âge de cinq ans est très remarquable parce que la mortalité, qui a été très grande jusque là, s'arrête assez brusquement et devient extrêmement faible jusqu'à l'âge de puberté. C'est à l'âge de cinq ans que la vie probable atteint son *maximum*, c'est-à-dire que l'homme peut compter sur une plus longue existence.

L'époque qui précède la puberté, et qui est de 13 ans pour les villes et de 14 pour les campagnes, mérite également notre attention : elle offre aussi un *maximum* qui est d'une espèce particulière; on pourrait le nommer le *maximum de viabilité* ; c'est l'époque où l'homme peut le plus compter sur son existence actuelle, où il a le plus à parier qu'il ne succombera pas dans l'instant qui va suivre.

Après l'âge de puberté, la mortalité devient plus forte, surtout chez les femmes ; cette augmentation est même assez sensible chez les femmes des campagnes.

Vers l'âge de 24 ans, il se présente une circonstance particulière pour les hommes, c'est un *maximum* qu'on ne remarque pas dans la courbe de mortalité des femmes. L'époque de ce *maximum* coïncide avec celle où l'homme montre le plus de penchant au crime (1) ; c'est l'âge orageux des passions, qui occupe une place extrêmement prononcée dans la vie morale de l'homme. La mortalité ensuite diminue insensiblement, et elle atteint pour les hommes des villes et des campagnes un nouveau *minimum* vers l'âge de 30 ans.

La cause pour laquelle on ne remarque pas ces points *maximum* et *minimum* dans la courbe de la mortalité des femmes, provient sans doute de ce que l'effet que pourrait avoir sur les décès, le développement des passions chez les femmes se combine avec l'effet résultant des dangers de la maternité, car après l'âge de 24 ans, les décès chez les femmes continuent à augmenter et surpassent, à partir de 28 ans jusqu'à 45, le nombre des décès chez les hommes. La différence est même assez sensible entre 30 et 40 ans (2).

---

(1) *Recherches sur le penchant au crime aux différens âges*; *voyez* aussi le IIIe livre de cet Ouvrage.

(2) On a cru long-temps que l'âge du retour déterminait chez les femmes une mortalité plus forte qu'aux autres époques de la vie. M. Benoiston de Châteauneuf a fait voir que cette opinion est sans fondement, dans un *Mémoire sur la mortalité des femmes de l'âge de 40 à 50 ans*. Paris, 1822.

Vers 60 à 65 ans, époque également remarquable, la viabilité perd considérablement de son énergie, c'est-à-dire que la probabilité de vivre devient extrêmement faible.

Enfin la durée d'un siècle paraît limiter la carrière de l'homme. Il en est bien peu qui dépassent ce terme; au 1er janvier 1831, sur seize centenaires que l'on comptait en Belgique, quatorze se trouvaient dans les trois provinces de Hainaut, de Namur et de Luxembourg. Le Limbourg et la Flandre orientale en avaient chacun un; et il ne s'en trouvait pas dans les provinces du Brabant, d'Anvers, de la Flandre occidentale et de Liége. Les trois individus les plus âgés de ces centenaires avaient 104, 110 et 111 ans; ils appartenaient à la province de Luxembourg, les autres ne dépassaient pas 102 ans.

Sur les 16 centenaires, 9 appartenaient au sexe masculin; aucun d'eux n'avait été militaire: il est à remarquer que tous ces centenaires avaient été ou étaient encore mariés et que généralement ils vivaient dans des conditions très médiocres. On a cru reconnaître en général qu'il y a plus de centenaires chez les hommes que chez les femmes, quoique la vie moyenne des dernières soit plus longue.

Un physiologiste allemand, M. Burdach, a publié des rapprochemens très curieux sur la mortalité et les périodes de la vie humaine (1). Ce savant partage la vie en dix périodes de 400 semaines chacune, et il trouve ainsi l'âge des dents de lait, celui de l'adolescence, celui de la jeunesse, etc.; dans la première période, s'en trouve une autre secondaire de 40 semaines, l'âge de l'allaitement.

Pour compléter les documens relatifs à la mortalité des différens âges, il faudrait avoir égard aux dangers que court l'homme à chaque instant. Quand on dit en effet que l'enfant naissant a une vie probable de 25 ans, on n'apprend rien encore sur les dangers plus ou moins grands qu'il court pendant toute cette période; c'est pour avoir égard à ces dangers que j'ai construit la table suivante, qui indique les degrés de la mortalité actuelle de chaque âge, c'est-à-dire les probabilités de mourir dans un terme très rapproché. Cette table est calculée sur celle de la mortalité; le rapport inverse de chaque nombre placé en regard, peut être considéré comme le degré relatif de la *viabilité* de l'homme aux différens âges, ou la probabilité relative de vivre.

_____

(1) *Die Zeitrechnung des menschlichen lebens,* 1829, à Leipsig.

AGE.	DEGRÉS		AGE.	DEGRÉS	
	de MORTALITÉ.	de VIABILITÉ.		de MORTALITÉ.	de VIABILITÉ.
1er mois.	960	1	23e année.	12	85
2e	273	4	24e	12	82
3e	200	5	25e	12	83
4e	168	6	30e	11	95
5e	135	7	35e	11	90
6e	127	8	40e	12	83
1re année.	115	9	45e	13	77
2e	77	13	50e	15	67
3e	60	17	55e	20	50
4e	27	37	60e	27	37
5e	21	48	65e	39	26
6e	15	67	70e	57	18
7e	12	83	75e	187	11
8e	10	100	80e	29	8
10e	8	131	85e	174	6
14e	6	161	90e	250	4
15e	7	155	95e	283	3
20e	10	100	100e	4217	2

J'ai cherché à rendre ces nombres sensibles à l'œil, par la construction d'une courbe *abcde*. (*Voyez* la *figure* placée à la suite de cet ouvrage.) Les écarts plus ou moins grands à partir de l'axe A B indiquent les degrés plus ou moins grands de viabilité. Ainsi, l'on voit que vers 14 ans, la viabilité est la plus grande; elle présente ensuite une anomalie entre 15 et 30 ans. Cette courbe a été construite pour les hommes et les femmes sans distinction; la ligne ponctuée est relative aux femmes. Sa forme est plus régulière que celle qui concernerait les hommes seulement; elle descend d'une manière continue du point m correspondant à 13 ans, jusqu'au point n, correspondant à 50 ans, où elle se confond avec l'autre courbe. On voit que la viabilité après la puberté, diminue plus brusquement chez les femmes que chez les hommes; elle est moindre aussi pendant la fécondité, entre 27 et 45 ans; mais plus grande à l'âge des passions, vers 24 ans. La courbe de viabilité a une singulière ressemblance avec celle du penchant au crime, et une ressemblance plus grande encore avec celle du développement des forces.

L'âge de moindre viabilité serait donc immédiatement après la naissance, et l'âge de viabilité la plus forte immédiatement avant la puberté : pour l'enfant, après le premier mois qui suit la naissance, la viabilité serait plus grande que pour le vieillard qui approche de cent ans.

Vers 75 ans, elle n'est guère plus grande que pour l'enfant vers le 6ᵉ mois qui suit sa naissance.

Nous ajouterons encore à ce qui précède, *la loi de la durée des maladies* exprimée en semaines et en fractions de semaine, telle que l'a donnée M. Villermé dans les *Annales d'Hygiène* pour janvier 1830, d'après les documens de la société philanthropique *highland society of scotland.*

Age.	Semaines de maladie pour 1 individu.	Age.	Semaines de maladie pour 1 individu.
21ᵉ ann.	0,575	55ᵉ ann.	1,821
25ᵉ	0,585	57ᵉ	2,018
30ᵉ	0,621	60ᵉ	2,246
35ᵉ	0,675	63ᵉ	3,100
40ᵉ	0,758	65ᵉ	4,400
45ᵉ	0,962	67ᵉ	6,000
50ᵉ	1,361	70ᵉ	10,701

La commission de la société écossaise qui a réuni ces données, pense que, au-dessous de l'âge de 20 ans, la durée moyenne annuelle des maladies, doit être estimée de trois jours ou à peu près; et, au-dessus de 70 ans, également pour la classe ouvrière, de près de 4 mois ou 16 semaines et demie. Ces recherches s'accordent très bien avec les mesures de viabilité données plus haut.

M. Villermé s'est aussi occupé de rechercher la loi de la mortalité par âge dans les épidémies (1), et il a été conduit à conclure qu'elle *pa-*

---

(1) *Annales d'Hygiène*, janvier 1833, page 31.

rait s'accorder avec la loi générale de la mortalité par âge, c'est-à-dire que ceux qui, toutes choses égales, ont le moins de probabilité de vivre, sont ceux qui succomberont le plus facilement quand ils seront atteints par les épidémies : ainsi, telle épidémie sévit plus particulièrement sur les enfans, et telle autre sur les vieillards. Eh bien ! sur un même nombre de malades de chaque âge, la mortalité est d'autant plus forte, lorsque ce sont des enfans, qu'ils se rapprochent davantage de la naissance, et lorsque ce sont des vieillards, qu'ils sont plus avancés en âge.

Cette observation se trouve confirmée par les recherches de Duvillard sur les décès causés par la petite-vérole; par celles qui ont été recueillies après la suette miliaire qui a régné épidémiquement, en 1821, dans le département de l'Oise; et par plusieurs autres encore citées par M. Villermé.

« D'après les renseignemens unanimes venus de diverses parties de l'Allemagne, dit ce savant (1), renseignemens que va pleinement confirmer le rapport officiel sur les ravages du choléra-morbus dans la ville de Paris et le département de la Seine, les enfans au-dessous de

_____

(1) *Annales d'Hygiène*, janvier 1833, page 34.

quatre à cinq ans et les vieillards très avancés en âge qui sont attaqués de cette maladie, en meurent presque tous, si l'on peut ainsi dire, tandis que les jeunes gens y succombent le moins souvent.

» Enfin, des recherches que j'ai faites sur l'influence des marais, montrent encore la même chose pour les fièvres ou maladies épidémiques qui en résultent; car, à nombre égal de malades, les petits enfans y succomberaient plus que tous les autres, et ce seraient ensuite les vieillards.

» L'épidémie de grippe ou de fièvre catarrhale qui a régné dans une grande partie de la France pendant le printemps et l'été de 1831, et qui a surtout attaqué les adultes et les vieillards, du moins à Paris, a principalement été funeste à ceux-ci lorsqu'ils étaient très vieux.

» Tous ces faits concernant des maladies si différentes rendent extrêmement probable que la mortalité occasionée par les épidémies, suit d'ordinaire, comme on l'a déjà dit, pour les malades qui en sont attaqués, la loi générale de la mortalité par âges.

» De là, cette conséquence, que les épidémies qui frappent particulièrement les deux extrêmes de la vie, sont, toute proportion gardée, les plus meurtrières.

IV. *Influence des années.*

On a remarqué que le chiffre annuel des décès peut, dans certaines circonstances, être fortement modifié par suite de disettes, de guerres ou d'autres fléaux.

L'influence des disettes avait été constatée depuis long-temps ; néanmoins un statisticien anglais, M. Sadler, dans ces derniers temps, a cru voir, dans les nombres relatifs à l'Angleterre, à peu près l'opposé de ce que ses prédécesseurs y avaient trouvé. De pareilles discordances entre les résultats des observateurs ont été souvent citées par des personnes superficielles pour établir le peu d'importance des recherches statistiques, au lieu d'en rechercher la véritable cause. Or, pour éclaircir la difficulté qui se présente ici, il importe d'observer d'abord, que ce n'est pas au moment même où le pain commence à enchérir, que la mortalité augmente ; l'excès de la mortalité n'est amené que par des maladies et par toutes les privations que les pauvres doivent s'imposer dans les temps de disette ; de sorte que, la plupart du temps, l'influence du fléau ne devient visible sur les registres mortuaires que plusieurs mois et quelquefois une année après son commencement. Les suites, en outre, ne s'arrêtent pas brusquement : le prix du pain peut avoir repris son cours ordinaire ou même être descendu plus bas, que l'excès des décès est encore très sensible.

On aurait tort d'admettre aussi que les moindres fluctuations dans les prix se reproduisent proportionnellement dans les chiffres des décès: au milieu de tant de causes qui modifient la mortalité, il faut, pour que l'une d'elles laisse des traces manifestes, qu'elle ait été fortement marquée. Il ne suffisait donc pas, comme l'a fait M. Sadler, de donner la même importance à toutes les années, dès que le prix du grain avait dépassé un peu la moyenne: il fallait s'en tenir aux années où il y avait eu véritablement disette; et surtout il ne fallait pas considérer la mortalité comme marchant simultanément avec le prix des nourritures. Pour prendre un exemple de ce qui vient d'être dit, il suffira de jeter les yeux sur le tableau du mouvement de la population en Belgique, pendant les douze années de 1815 à 1826 inclusivement. On y voit que les prix du froment et du seigle ont atteint leur *maximum* en 1816; ce n'est cependant que l'année suivante qu'on aperçoit les résultats de la disette dans les chiffres des décès et des naissances. Au contraire, en suivant la marche de

M. Sadler, cette année de 1816, si évidemment calamiteuse, devrait être rangée parmi les années heureuses, puisqu'elle a produit peu de décès comparativement aux autres années. Pour procéder comme le savant anglais, nous devrions comparer les résultats mortuaires des quatre années de 1815 à 1818, où les prix des grains ont dépassé la moyenne, à ceux des quatre années suivantes, et nous aurions pour moyenne de l'une et de l'autre période

PÉRIODES.	MOYENNE DES DÉCÈS .	
	dans les villes.	dans les campagnes.
Années de disette.....	5o186	9i5o1
» d'abondance... .	51o15	95222

Voilà comment le tableau si concluant que nous avons présenté, conduirait à des conséquences tout opposées à celles que nous avons obtenues.

On ne saurait être trop en garde contre les conclusions que l'on déduit des documens statistiques, et surtout contre les méthodes que l'on emploie. Il faut en général la plus grande sagacité pour reconnaître le degré d'importance de chaque élément influent; et l'on a des exemples fréquens que les hommes les plus habiles mêmes ont été conduits évidemment à des résultats absurdes en attribuant à certaines causes les influences produites par d'autres qu'ils avaient négligé de prendre en considération.

La funeste influence des années 1816 et 1817 ne se trouve pas seulement inscrite dans les résultats généraux des décès pour toute la Belgique, mais encore, comme la remarque en a été faite (1), dans les résultats particuliers de la mortalité pour les hospices des enfans trouvés et pour les dépôts de mendicité. On pourra en juger par les nombres suivans :

ANNÉES.	HOSPICES DES ENFANS TROUVÉS.		DÉPÔTS DE MENDICITÉ.
	Population.	Décès.	Habitans pour un décès.
1815	10739	1597	8,25
1816	11176	1459	10,15
1817	11829	1793	5,49
1818	12813	1290	6,79
1819	13248	1346	9,29

(1) Page 35 des *Recherches sur la population, les naissances, etc., dans le royaume des Pays-Bas.* Voyez aussi sur la mortalité de 1817, la *Statistique nationale* de M. Éd. Smits.

On doit attribuer cette mortalité plus grande à ce que les individus qui ont été admis aux hospices et aux dépôts de mendicité étaient déjà souffrans des suites de la disette, et non aux privations qu'ils ont eu à subir dans les établissemens mêmes. Le nombre des admissions des enfans trouvés, qui, année commune, ne s'élevait pas au-delà de 3000, a monté jusqu'à 3945 en 1817; c'est ce qui a pu rendre la mortalité plus forte, car les enfans exposés dans ces temps de crise, avaient sans doute déjà en eux le germe de la mort (1).

---

(1) Gioja, dans sa *Filosofia della Statistica*, a pris les mêmes années 1815, 1816 et 1817, comme exemples de l'influence de la disette sur la mortalité. Voici les résultats auxquels il est parvenu; ils n'ont pas besoin de commentaire.

Nombre des enfans exposés au Luogo pio *de Sainte-Catherine, à Milan ; et des malades, au grand Hôpital de la ville.*

Années.	Enf. exposés.	Nombre moyen annuel.	Malades.	Nombre moyen annuel.	Prix du muid de blé.	Prix moyen annuel.
1815	2280	1750	17974	14010	59 lire.	25 lire
1816	2625	(de 1818	20993	(de 1818	75	(de 1818
1817	3082	à 1825)	23350	à 1815).	63	à 1825)

Une autre observation que l'on peut déduire des nombres précédens, c'est celle de l'effrayante mortalité des dépôts de mendicité, qui était environ quatre à cinq fois plus forte que dans les provinces les moins salubres de la Belgique ; on peut en dire autant des hospices des enfans trouvés. Cela confirme les remarques très judicieuses qui ont été faites par MM. Villermé et Benoiston de Châteauneuf, dans les *Annales d'Hygiène*, sur l'inégale mortalité du riche et du pauvre. Les décès dans les prisons de la Belgique, étaient incomparablement moins nombreux que dans les dépôts de mendicité. A Vilvorde, en 1824, 1825 et 1826, on en comptait 1 pour 28 habitans ; à Saint-Bernard, 1 pour 22 en 1826 ; et, à Gand, vers la même époque, 1 pour 44 seulement ; ce rapport est un peu moindre que pour tout le royaume. Ce qui doit établir une distinction entre les prisons et les dépôts de mendicité,

Mortalité dans les demeures particulières et dans les hôpitaux de Milan.

Ann.	Décès dans les demeures particul.	Nombre moyen annuel.	Décès dans les hôpitaux.	Nombre moyen annuel.	Total des décès.	Nombre moyen annuel.
1815	3824	3305	2680	2028	6504	5333
1816	3966	(de 1818	3085	(de 1818	7051	(de 1818
1817	3806	à 1825.)	4620	à 1825.)	8426	à 1825).

c'est que les individus qui entrent dans ces derniers établissemens, n'y font guère qu'un séjour de 7 à 8 mois, et y arrivent ordinairement, comme il a été dit, avec une santé minée par les privations et les maladies; au contraire, ceux qui entrent dans les prisons, après avoir subi un jugement, se trouvent en général dans un état de santé moins défavorable, et la durée moyenne du séjour n'y est pas alors de moins de 5 ans (1).

En recherchant l'influence des années de paix et de guerre, il me semble qu'en général, on n'a pas introduit moins de confusion dans les recherches. Un pays, en temps de guerre, souffre en effet, parce que sa population virile succombe d'une part soit dans les combats, soit par suite de fatigues ou de privations; et que, d'une autre part, les chances de reproduction deviennent moindres; ce pays souffre encore de ce que son industrie et son activité sont entravées, ou de ce que les importations de toute espèce, surtout celle des grains, diminuent; mais une nation pourrait être en guerre sans qu'aucune de ces causes subît des altérations bien sensibles: il serait donc illusoire alors d'en rechercher les traces dans les chiffres mortuaires. C'est ainsi que

---

(1) *Annales d'Hygiène.*

M. Sadler nie encore l'influence des années de guerre, en se servant des chiffres de l'Angleterre, et sans examiner si les moyens de subsistance, si les importations et les exportations avaient changé, et si la nation avait été privée plus qu'à d'autres époques d'une partie de la population virile. Je pense que l'on pourrait mieux apprécier cette influence dans un pays tel que la Hollande ou la Belgique, dont plusieurs provinces ont un grand commerce maritime et dont les ports ont été fermés pendant long-temps. Ainsi, je rapprocherai les chiffres donnés pendant les deux périodes décennales qui ont précédé et suivi 1814 : l'une embrasse les années de 1804 à 1813 inclusivement, et nous pourrons la considérer comme une période de guerre ; l'autre comprend les années 1815 à 1824 inclusivement, et forme une période de paix (1).

---

(1) Voyez sur l'influence des guerres de l'Empire français, les observations de M. F. d'Ivernois, dont les résultats ont été cités plus haut, à la page 116.

PROVINCES.	DÉCÈS.		NAISSANCES.		MARIAGES.	
	1re Période	2e Période	1re Période	2e Période	1re Période	2e Période
Brabant sept. .	75771	69507	89488	100863	21210	20380
» mérid.	118356	119109	145256	169181	30862	36423
Limbourg. . . .	75679	70549	91397	101781	20453	22960
Gueldre. . . .	53764	59818	67308	90862	15627	19337
Liége.	74683	82698	102949	113623	22671	24387
Flandre orient.	169966	162834	207334	218830	42549	43120
» occ.	144726	141310	179099	191139	37668	37882
Hainaut. . . .	110344	118289	158762	183198	37093	39591
Hollande sept.	143108	121725	122275	145744	33533	34789
» mérid.	136457	123850	135703	165741	32498	34942
Zélande	46237	42436	45805	55331	10731	10645
Namur.	30519	34134	48557	58690	11406	12592
Anvers.	87126	70623	96058	101471	21579	23075
Utrecht.	31150	29928	36065	41038	8674	8982
Frise.	45387	38219	49354	65565	14186	15327
Overyssel. . . .	31483	37479	43114	51951	9960	11629
Groningue. . .	37026	30539	41592	51673	11940	11492
Drenthe. . . .	9418	9859	13254	16723	3691	3954
Luxembourg. .	66406	58695	91809	92242	20412	18740
Totaux.	1487606	1421600	1765179	2015646	406743	430247

Ce tableau nous montre d'abord que dans toutes les provinces, sans en excepter aucune, le nombre des naissances a été plus grand pendant la période décennale de paix, que pendant la période de guerre; le nombre des décès a été au contraire moins élevé, excepté dans quelques provinces de l'intérieur, telles que celles de la Gueldre, d'Overyssel, de Drenthe, du Brabant méridional, de Hainaut, de Liége et de Namur; encore la différence pour plusieurs d'entre elles peut tenir à l'accroissement de la population; et il est à remarquer que ces provinces sont la plupart agricoles, et que celles de Hainaut, de Namur et de Liége avaient une grande activité par l'exploitation du sol ou le travail des armes. Quant aux mariages, leur nombre a peu varié pendant l'une et l'autre période.

Les provinces qui ont très sensiblement souffert par la mortalité sont surtout celles qui faisaient un commerce maritime et dont les ports ont été long-temps inactifs. Ainsi, les deux Hollandes et la Zélande en avaient été réduites au point de donner plus de décès que de naissances. Cet état de choses a cessé au moment de la paix. Il me semble que les résultats contenus dans ce tableau sont aussi concluans qu'on peut le désirer et montrent combien les guerres ont d'influence sur la mortalité, en entravant l'activité des peuples et en nuisant à leur industrie.

On pourrait trouver ici une contradiction apparente avec ce qui a été remarqué ailleurs. J'ai fait observer que généralement les décès, en se multipliant, multiplient également les mariages et les naissances; mais l'obstacle à la multiplication des mariages se trouvait dans l'état même de guerre dont je veux montrer l'influence, état qui enlevait à la société la majeure partie des jeunes gens. Néanmoins, on remarque que le nombre des mariages a été à peu près le même dans les deux périodes ; et je trouve en cela une nouvelle confirmation de mes conjectures. La grande mortalité doit avoir abrégé la durée des mariages et amené plus de mariages en secondes et en troisièmes noces, qui ont par là même été moins féconds et ont produit moins de naissances. J'insiste particulièrement sur ce fait, qui me paraît très remarquable, savoir, que la fécondité des mariages a été incomparablement moindre pendant la première période.

Des remarques à peu près semblables doivent être faites pour l'influence des années de disette. Ici, la contradiction paraît encore plus forte. Un plus grand nombre de décès est ordinairement accompagné de moins de mariages ; cela provient de ce que le besoin qui momentanément amène les décès, fait craindre d'entreprendre des établissemens nouveaux, et qu'on ne sort pas brusquement de l'état de veuvage. Ce qui a été observé à l'égard des décès qui, en se multipliant, multiplient les mariages et les naissances, ne doit donc s'entendre généralement que pour les pays qui ne sont pas sous l'influence de causes accidentelles , comme les guerres, les épidémies, les famines, etc.

V. *Influence des saisons* (1).

Le nombre des décès, comme celui des naissances, éprouve des variations très sensibles selon les différens mois de l'année. Déjà de nombreuses recherches ont été présentées sur ce sujet intéressant, et l'on a reconnu que, dans nos climats, les rigueurs de l'hiver sont en général mortelles pour l'espèce humaine. Le tableau suivant, dressé d'après les documens de la Belgique et d'après les mêmes principes que celui qui a été donné pour les naissances , offrira un premier exemple de l'influence des saisons sur la mortalité.

---

(1) La plupart des résultats qui suivent sont extraits d'un mémoire *Sur l'Influence des saisons et des âges sur la mortalité,* que j'ai présenté à l'Académie royale des sciences morales et politiques de l'Institut en 1833. J'avais déjà publié des observations sur ce sujet, dans les premiers volumes de ma *Correspondance mathématique et physique.*

| MOIS. | DÉCÈS. | | RAPPORT. | |
1815 à 1826	VILLES.	CAMPAGNES.	VILLES.	CAMPAGNES
Janvier.	59892	116129	1,158	1,212
Février.	56267	114758	1,088	1,198
Mars.	54277	114244	1,050	1,192
Avril.	51818	107264	1,002	1,120
Mai.	48911	93714	0,946	0,978
Juin.	46607	84464	0,901	0,882
Juillet.	45212	77555	0,874	0,809
Août.	47032	78802	0,910	0,822
Septembre.	50191	85131	0,971	0,888
Octobre.	51649	89514	0,999	0,934
Novembre.	52908	89585	1,024	0,935
Décembre.	55631	98705	1,076	1,030
Moyenne.	51700	95822	1,000	1,000

Nous remarquerons encore ici que l'influence des saisons est plus prononcée dans les campagnes que dans les villes, où l'on réunit plus de moyens de se préserver de l'inégalité des températures.

Les termes *maximum* et *minimum* ne se présentent pas aux mêmes époques dans tous les climats; ils paraissent même avoir été déplacés dans quelques pays par suite de la civilisation, qui a fait disparaître des causes locales d'épidémies. Ces épidémies naissaient surtout à la suite de fortes chaleurs dans des lieux marécageux, ou dans l'enceinte des villes. M. Villermé en a signalé un exemple bien frappant, pour la ville de Paris (*Ann. d'Hygiène*), dans le tableau suivant de l'ordre des mois rangés entre eux, pour différentes époques, d'après le nombre décroissant des décès d'un jour moyen.

13 années de la fin du XVIIe siècle.	20 années jusqu'à 1722, y compris les 13 de la colonne précédente.	20 années depuis 1723 jusqu'à 1742.	20 années depuis 1743 jusqu'à 1762.	20 années depuis 1763 jusqu'à 1782.	10 années finies en 1817 (1814 a été retranché).	10 années depuis 1817 jusqu'à 1826.
Sept.	Févr.	Avril.	Avril.	Avril	Avril.	Avril.
Décem.	Sept.	Mars.	Mars.	Mars.	Mars.	Mars.
Janvier	Avril.	Mai.	Févr.	Févr.	Févr.	Mai.
Nov.	Janvier	Févr.	Mai.	Janvier	Janvier	Janvier
Mars.	Mars.	Janvier	Janvier	Mai.	Mai.	Févr.
Mai.	Mai.	Décem.	Juin.	Décem.	Décem.	Juin.
Août.	Octob.	Juin.	Décem.	Juin.	Juin.	Sept.
Févr.	Nov.	Sept.	Nov.	Octob.	Sept.	Décem.
Octob.	Déc.	Août.	Octob.	Sept.	Nov.	Août.
Avril.	Août.	Octob.	Sept.	Nov.	Octob.	Octob.
Juin.	Juin.	Nov.	Juillet.	Juillet.	Août.	Nov.
Juillet.	Juillet.	Juillet.	Août.	Août.	Juillet.	Juillet.

Ce tableau est fondé sur deux millions de décès. Il en résulte, dit M. Villermé, que par l'effet de la diminution progressive des épidémies qui

désolaient si souvent Paris, jadis, à la fin des
étés, l'époque annuelle du *maximum* de la mortalité dans cette ville, a été déplacée. Pendant
les années du XVIIe siècle, pour lesquelles on a
des renseignemens, ce *maximum* tombait en
automne, et maintenant c'est au printemps.
Jadis, le *minimum* s'observait au commencement
de l'été, et de nos jours, c'est un peu plus tard.
Cette preuve des améliorations qui ont eu lieu
à Paris, depuis la fin du règne de Louis XIV,
poursuit le même savant, soit dans l'état sani-
taire de la ville elle-même, soit dans le sort, dans
la condition de ses habitans, est décisive; car
on peut affirmer que les changemens que nous
venons de constater tiennent, non à un accroissement de mortalité pendant la saison qui en
offre aujourd'hui le *maximum*, mais à une diminution durant la saison qui comptait autrefois
le plus de décès.

M. Villermé fait observer que les épidémies qui
résultent de la disette exercent surtout leurs ravages aux époques annuelles où les alimens sont
les plus rares, les plus difficiles à se procurer, où
les maladies qui dépendent des conditions pénibles de la vie, pour un grand nombre d'hommes,
sont le plus multipliées, ou bien le plus aggravées;
et elles cessent après la moisson, qui ramène
l'abondance. Par exemple, dans l'ancien royaume

des Pays-Bas, à la suite de la mauvaise récolte de 1816, l'excès des décès devint très sensible pendant l'année suivante, et particulièrement pendant les mois qui précédèrent la moisson nouvelle.

Quant aux épidémies, indépendantes des disettes, elles semblent se lier d'ordinaire avec l'été ou les chaleurs, et avec la première moitié de l'automne, du moins dans nos climats. C'est ce qui semble particulièrement résulter des recherches de M. Friedlander pour Londres, Dantzig, Malthe, Lavalette et Alep (1).

D'après Wargentin, le *maximum* de la mortalité pour Stockholm se présenterait au mois d'août; et il en serait de même pour Montpellier, d'après Mourgue. Le déplacement du *maximum* dans ces villes ne tiendrait-il pas à des influences locales? Il paraît, au moins par l'exemple de la plupart des contrées de l'Europe, que le *maximum* des décès se présente assez régulièrement à la fin de l'hiver, et le *minimum* vers le milieu de l'été.

Mais cette observation était trop complexe pour qu'on ne dût pas chercher à analyser les faits particuliers qu'elle résume. Il était intéres-

_____

(1) *Des Épidémies, etc. Annales d'Hygiène*, p. 27.

sant de rechercher si les rigueurs de l'hiver sont également funestes à tous les âges, et si les nombres *maxima* et *minima* des décès, tombent invariablement dans les mêmes mois, aux différentes époques de la vie, ou s'ils varient selon ces époques.

J'ai examiné avec soin cette question épineuse, malgré les calculs longs et fastidieux auxquels j'ai dû me livrer. Pour compléter autant que possible mes recherches, j'ai eu égard au séjour des villes et des campagnes, et à la distinction des sexes, de manière que les tableaux que j'ai formés sont à la fois des tables de mortalité pour les différens mois, pour les hommes et pour les femmes, pour les villes et pour les campagnes. (1) Je ne pense pas que ce sujet ait jamais été embrassé d'une manière aussi générale : il existait cependant quelques ouvrages spéciaux, et particulièrement sur la mortalité des enfans nouveaux-nés. MM. Villermé et Milne Edwards avaient remarqué que la mortalité des nouveaux-

(1) Ces recherches sont basées sur les documens officiels qui m'ont été confiés au bureau de statistique établi près du ministère de l'intérieur. Elles comprennent environ 400,000 observations concernant les différens âges, et se rapportent à toute la Belgique et aux cinq années de 1827 à 1831. Cependant l'occupation de Maestricht et de Luxembourg a laissé des lacunes dans les tableaux dressés pour la partie orientale du royaume.

nés augmente par les chaleurs de l'été et plus encore par les rigueurs de l'hiver (1); mais leurs nombres, relatifs aux trois mois qui suivent la naissance, n'établissaient pas de distinction pour chaque mois en particulier, ni pour les mois plus avancés.

D'après les recherches faites en Belgique, le *maximum* des décès de l'été n'est pas sensible pendant le premier mois qui suit la naissance; mais, à partir de cette époque, il se place au mois d'août et se prononce le plus fortement vers le milieu de la première année; les deux *minima*, qui étaient confondus pendant le premier mois, se séparent ensuite de plus en plus jusqu'au cinquième et sixième mois, et vont se placer, l'un en avril et l'autre en novembre; puis ils se rapprochent de nouveau pour venir se confondre encore, après la première année, et former un seul *minimum* en septembre. Ce résultat singulier se reproduit quand on considère séparément les tableaux de mortalité pour les deux sexes; il se reproduit encore en faisant la distinction des villes et des campagnes; mais le *maximum* de l'été se manifeste dans les villes dès le premier mois qui suit la naissance.

Quand on considère le nombre des décès qui

_____

(1) *Annales d'Hygiène,* 1829.

suivent de près la naissance, il devient nécessaire de tenir compte de l'excès des naissances
qui a lieu après l'hiver ; or, en tenant compte
de cet excès, on trouve qu'il n'influe pas d'une
manière sensible sur les résultats énoncés précédemment. Il reste donc toujours vrai de dire
que la plus grande mortalité, dans la première
année qui suit la naissance, s'observe pendant
l'hiver, qu'elle diminue au printemps, augmente
un peu pendant les chaleurs de l'été, et subit
ensuite une nouvelle diminution jusqu'aux ap-
proches de l'hiver ; de sorte qu'une température
douce est celle qui convient le mieux à la première enfance, et que l'excès de la chaleur et surtout l'excès du froid lui sont préjudiciables, soit
que ces excès influent directement sur une organisation très faible encore, ou qu'ils agissent par
l'intermédiaire de la mère qui sert de nourrice.

Après la première année, la mortalité des enfans change complètement : on n'observe plus
qu'un seul *maximum* et un seul *minimum* : le
maximum se présente après l'hiver, et le *minimum* en été. Vers l'âge de huit à douze ans, ces
termes se déplacent un peu et avancent dans
l'ordre des mois, jusque après l'époque de la puberté, de manière que le *maximum* des décès
s'observe en mai, et le *minimum* en octobre.
Après la puberté, le *maximum* rétrograde jus-

13..

qu'à l'âge de 25 ans, et vient se placer invariablement au mois de février, jusqu'aux âges les plus reculés. Quant au *minimum*, il ne quitte plus le mois d'octobre; mais il s'en établit un second au mois de juillet, qui y persiste aussi jusqu'à la fin de la carrière de l'homme, de manière qu'entre ces deux *minima* placés à trois mois de distance, on remarque un *maximum* secondaire, peu prononcé, à la vérité, pendant le mois de septembre.

. Ainsi, quand l'homme et la femme ont achevé leur développement physique (après l'âge de 25 ans), ils sont, comme les enfans, pendant leur première année, le plus exposés à la mortalité après les chaleurs de l'été, et surtout après les rigueurs de l'hiver.

Le tableau qui suit fera mieux concevoir l'ensemble de ces résultats et leur appréciation numérique. Il est bon de prévenir que, dans les calculs, j'ai eu égard à l'inégale longueur des mois. D'une autre part, pour qu'on puisse embrasser, pour ainsi dire, d'un coup d'œil, la loi de la mortalité, en ayant égard aux saisons et aux âges, j'ai construit une série de lignes qui par leurs écarts en plus et en moins de la ligne horizontale, indiquent les écarts en plus et en moins de la mortalité moyenne. (Voyez *la carte figurative*, planche I.)

TABLEAU montrant l'influence de l'âge et celle des saisons sur la mortalité.

AGES.	JANVIER	FÉVR.	MARS.	AVRIL.	MAI.	JUIN.	JUILLET	AOUT.	SEPT.	OCTOB.	NOV.	DÉC.
De 0 à 1 mois.	1,39	1,28	1,21	1,02	0,93	0,83	0,78	0,79	0,86	0,91	0,93	1,07
1 ... 3	1,39	1,18	1,15	0,95	0,89	0,82	0,83	0,94	0,83	0,92	0,97	1,13
3 ... 6	1,24	1,06	1,02	0,90	0,95	0,95	0,99	1,06	0,99	0,94	0,86	1,02
6 ... 12	1,23	1,21	1,27	1,18	1,06	0,84	0,76	0,87	0,81	0,82	0,86	1,03
12 ... 18	1,10	1,11	1,24	1,30	1,25	1,03	0,88	0,81	0,74	0,77	0,78	0,98
18 ... 24	1,23	1,18	1,21	1,18	1,03	0,84	0,80	0,76	0,75	0,81	1,01	1,18
2 à 3 ans.	1,22	1,13	1,30	1,27	1,12	0,94	0,82	0,73	0,76	0,78	0,91	1,01
3 ... 5	1,23	1,16	1,26	1,29	1,13	0,94	0,78	0,74	0,73	0,79	0,89	1,05
5 ... 8	1,20	1,17	1,32	1,24	1,20	0,96	0,78	0,74	0,76	0,75	0,85	1,02
8 ... 12	1,08	1,06	1,27	1,34	1,21	0,99	0,88	0,82	0,81	0,76	0,80	0,96
12 ... 16	0,95	0,95	1,14	1,14	1,19	1,04	0,97	0,95	0,96	0,81	0,86	1,04
16 ... 20	0,93	0,94	1,07	1,18	1,15	1,03	1,00	0,99	0,89	0,87	0,95	1,01
20 ... 25	0,92	1,00	1,09	1,02	1,09	0,96	0,91	0,92	0,96	0,95	1,03	1,11
25 ... 30	1,03	1,04	1,11	1,06	1,02	1,02	0,85	0,96	0,95	0,93	0,97	0,97
30 ... 40	1,11	1,13	1,11	1,04	0,99	0,92	0,86	0,94	0,93	0,95	0,94	1,03
40 ... 50	1,17	1,15	1,13	1,05	0,99	0,86	0,77	0,85	0,89	0,37	0,95	1,11
50 ... 65	1,30	1,22	1,11	1,02	0,93	0,85	0,71	0,80	0,88	0,90	1,00	1,15
65 ... 75	1,43	1,32	1,18	0,99	0,91	0,77	0,67	0,80	0,88	0,86	0,98	1,17
75 ... 90	1,47	1,39	1,16	1,01	0,87	0,77	0,67	0,75	0,84	0,84	1,00	1,21
90 et audess.	1,58	1,48	1,25	0,96	0,84	0,75	0,64	0,66	0,76	0,74	1,03	1,29
MOYENNE...	1,26	1,20	1,17	1,08	1,00	0,88	0,80	0,84	0,86	0,86	0,94	1,09

On peut voir, par le tableau qui précède, qu'à aucun âge de la vie, l'influence des saisons n'est plus sensible sur la mortalité que dans la vieillesse; et qu'à aucun âge, elle ne l'est moins qu'entre 20 et 25 ans, lorsque l'homme physique, entièrement développé, jouit de la plénitude de sa force.

Les *maxima* et *minima* absolus sont très prononcés entre 1 et 12 ans, et après l'âge de 50 ans, puisqu'ils donnent des nombres qui, surtout dans la dernière période, sont comme 1 à 2 et 2 $\frac{1}{2}$. Il n'en est pas de même des *maxima* secondaires de l'été : les nombres qu'ils présentent diffèrent si peu de ceux des *minima* entre lesquels ils tombent, qu'on pourrait, pour certaines périodes, attribuer les différences aux écarts presque inévitables dans ces sortes d'observations, si elles ne se manifestaient de la même manière pour plusieurs années consécutives, et même dans les tableaux partiels, en faisant la distinction des sexes.

Si nous établissons maintenant cette dernière distinction, nous trouverons que pour les différentes époques de la vie, prises séparément, les nombres *minima* et *maxima*, tant absolus que secondaires, tombent à peu près identiquement aux mêmes mois, et que leurs rapports ont à peu près les mêmes valeurs; mais il n'en est point

ainsi du nombre absolu des décès pour chaque
sexe. Ainsi, comme nous l'avons vu déjà, pendant
la première année qui suit la naissance, il meurt
plus de garçons que de filles, et le rapport
des décès des deux sexes est à peu près le même
pour chaque mois. On pourra du reste en juger
mieux en comparant les décès qui ont eu lieu
pour les mêmes époques et pour les mêmes localités. Je me suis contenté de comparer entre
eux les âges principaux, et j'ai pris pour unité le
nombre des décès masculins.

MOIS.	1er MOIS.	1 A 2 ANS.	12 A 16 ANS.	16 A 20 ANS.	20 A 25 ANS.	40 A 50 ANS.	90 et au-dessus
Janvier	0,75	0,95	1,32	1,04	0,83	1,21	1,18
Févr.	0,70	0,91	1,42	1,08	0,83	1,22	1,30
Mars.	0,79	0,90	1,11	1,17	0,78	1,18	1,50
Avril.	0,73	0,94	1,23	1,18	0,80	1,21	1,44
Mai.	0,75	0,96	1,45	0,97	0,80	1,30	1,40
Juin.	0,67	0,97	1,28	1,16	0,73	1,18	1,20
Juillet.	0,70	1,00	1,32	1,08	0,78	1,17	1,42
Août.	0,79	0,92	1,20	0,98	0,77	1,08	1,08
Sept.	0,79	0,98	1,31	1,01	0,73	1,06	1,47
Octob.	0,67	0,99	1,22	1,01	0,68	1,11	1,50
Nov.	0,76	1,05	1,20	0,99	0,64	1,11	1,08
Déc.	0,76	1,05	1,20	0,96	0,64	1,18	1,48

En faisant la distinction des villes et des cam-

pagnes, je n'ai pas trouvé de différences essentielles dans les résultats concernant l'influence
des saisons sur la mortalité. Je me suis occupé
également de rechercher l'influence que pouvaient avoir les saisons sur le nombre de morts-
nés, mais les résultats auxquels je suis parvenu,
ont été cités déjà à la page 128.

Depuis mes premières recherches sur les relations qui existent, aux différens âges, entre les saisons et la mortalité, il a paru un travail semblable
de M. Lombard de Genève (1). J'ai eu la satisfaction de voir que les résultats de ce savant
s'accordent à peu près identiquement avec ceux
que j'ai obtenus de mon côté : quoiqu'ils ne comprennent que 17623 décès, il est facile de reconnaître qu'ils établissent en général les mêmes
faits que ceux observés en Belgique. Quelques
déplacemens de *maxima* peuvent provenir des
influences combinées de différentes causes qui
doivent naturellement varier avec les localités.
Ainsi, les tableaux de Genève donnent pour le
premier mois qui suit la naissance, des résultats
conformes à ceux de la Belgique; et l'on n'aperçoit pas de *maximum* secondaire en été, excepté
pour les enfans d'un mois à deux ans. Seulement

_____

(1) *De l'Influence des saisons sur la mortalité à dif-*
férens âges.

ce *maximum* secondaire se manifeste plus tard qu'en Belgique, et se présente aux mois de septembre et d'octobre. Il est à regretter que les nombres de Genève ne fassent pas la distinction des enfans pour les premiers âges, puisque leur mortalité diffère assez sensiblement d'après mes observations. M. Lombard n'admet pas que ce *maximum* secondaire des décès, qu'il trouve en septembre et octobre pour les enfans de un et de deux ans, soit un effet de la continuité de la chaleur, comme le supposent MM. Villermé et Edwards: il pense qu'on pourrait l'attribuer « à la différence de température des jours et des nuits, qui n'est jamais plus forte qu'à cette époque de l'année. » Cette différence, selon lui, influe principalement sur le tube digestif, organe qui chez les enfans est très susceptible de contracter des maladies graves. Resterait cependant à expliquer le *maximum* secondaire de septembre pour les âges plus avancés, que je retrouve aussi dans ses nombres. Du reste les deux causes présumées ne sont certes pas sans probabilité.

VI. *Influence des heures du jour.*

Les différentes parties de la journée semblent exercer sur le nombre des décès une influence semblable à celle que nous avons remarquée pour les naissances; il faudrait cependant plus d'observations que je n'en ai pu recueillir, pour l'apprécier d'une manière satisfaisante. Les seules données que j'aie pu obtenir ont été prises, d'après les relevés de 30 années, à l'hôpital de Saint-Pierre, à Bruxelles ; en voici les résultats (1).

Heures.		Décès.
Après minuit....	12 à 6 heures	1397
Avant midi......	6 à 12 »	1321
Après midi......	12 à 6 »	1458
Avant minuit....	6 à 12 »	1074
		5250

La différence du jour à la nuit est moins prononcée pour les naissances, et, contrairement à ce que nous avons vu pour celles-ci, c'est pendant le jour qu'on a compté le plus de décès. Du reste, les deux premières parties de la journée en offrent à peu près le même nombre ; la différence porte surtout sur les résultats des 6 heures qui suivent midi et des 6 heures qui précèdent minuit.

Le docteur Buek de Hambourg a recherché également l'influence des heures sur la mortalité,

---

(1) *Voyez* pour plus de détails la *Correspondance mathématique*, 1827, tome III, page 42, et les *Recherches sur la reproduction*, etc.

mais ses résultats s'accordent avec les nôtres moins bien que pour les naissances. Les voici tels qu'il les a présentés, en ayant égard à l'influence des saisons et en réduisant leur somme à 1000.

NAISSANCE.	HIVER.	PRINTEMPS.	ÉTÉ.	AUTOMNE.	MOYENNE.
Après minuit.	315	321	292	281	306
Avant midi..	243	260	236	220	242
Après midi..	194	211	220	227	211
Avant min. .	248	207	252	272	241

Ces nombres comparés à ceux qui ont été donnés précédemment, ne s'accordent avec eux que sous ce rapport, qu'ils sont plus grands dans la première moitié de la journée que dans la seconde. Le rapport pour Hambourg est de 548 à 452; et pour Bruxelles, de 2718 à 2532; c'est aussi ce qu'on remarque pour les naissances. Du reste, ces recherches, je le répète, devraient être étendues davantage et reposer sur des nombres plus grands, pour mériter toute la confiance nécessaire.

CHAPITRE II.

DE L'INFLUENCE DES CAUSES PERTURBATRICES SUR
LE NOMBRE DES DÉCÈS.

I. *Influence des professions, du degré d'aisance, etc.*

Il n'est guère possible, dans l'état actuel de la
science, de déterminer d'une manière précise
les différentes chances de mortalité auxquelles
l'homme s'expose en se plaçant dans telle ou
telle position sociale; les élémens que l'on a pu
réunir, pour cette détermination, sont encore
trop peu nombreux; cependant ils suffisent déjà
pour prouver que l'influence des professions,
par exemple, peut faire varier considérablement
le degré de mortalité. Il en est de même de l'aisance dont jouit un peuple et de la manière dont
il se nourrit. Pour fixer les idées sur ces impor-

tantes questions, je vais tâcher de présenter quelques-uns des principaux résultats auxquels on est parvenu.

Les statisticiens paraissent bien reconnaître aujourd'hui que les chances de mortalité sont beaucoup plus nombreuses dans les pays manufacturiers que dans les pays agricoles, et dans l'enceinte des villes qu'au milieu des campagnes. Nous en avons eu déjà plusieurs preuves dans tout ce qui précède, et nous pourrons en citer ici de nouvelles, je ne dis pas pour les villes et les campagnes, car on a vu que la différence de mortalité y est trop sensible pour qu'il soit nécessaire d'y revenir encore, mais pour les provinces manufacturières.

Si nous jetons d'abord les yeux sur l'Angleterre, nous y trouverons des différences bien prononcées entre les provinces manufacturières et les provinces agricoles. Voici quelques résultats qui m'ont été communiqués sur ce sujet intéressant par M. Villermé, qui les a déduits des nouveaux documens publiés en Angleterre par M. Rickman, pour les années de 1813 à 1830 inclusivement.

LOCALITÉS.	SUR 10000 DÉCÈS QUI ONT EU LIEU	
	DEPUIS la naissance jusqu'à l'âge le plus avancé, on en compte avant l'âge de 10 ans accomplis.	DEPUIS l'âge de 10 ans jusqu'à la plus grande vieillesse, on en compte de 10 à 40 ans.
Dans l'ensemble des districts agricoles.	3505	3142
Dans l'ensemble des districts en partie agricoles et en partie manufacturiers.	3828	3318
Dans l'ensemble des districts manufacturiers.	4355	3727

On voit bien évidemment ici que tous les avantages sont du côté des districts agricoles.

Dans la Néerlande, la province la plus agricole est celle de Gueldres; la mortalité n'y est que de 1 sur 53,7 individus; tandis que dans les provinces commerçantes de la Hollande, elle est de 1 sur 35.

Dans la Belgique, les provinces où l'on compte généralement le moins de décès sont celles de Luxembourg, de Namur et de Hainaut; ce sont aussi des provinces essentiellement agricoles, quoique les deux dernières renferment quelques villes manufacturières.

La France présente des résultats semblables, mais qui pourront paraître moins concluans, parce que les départemens les plus exposés à la mortalité sont bien en général les départemens manufacturiers, mais comme ce sont aussi ceux qui renferment les plus grandes villes du royaume, on ne peut point assez distinguer si c'est bien effectivement la profession des habitans ou leur agglomération qui cause l'excès de mortalité.

Il paraîtrait assez que l'état le plus favorable à l'homme est celui d'une vie régulière qui produit suffisamment à ses besoins et qui n'est point agitée par les passions ou par le déréglement des villes. Dans la condition agricole, l'homme trouve généralement un état d'aisance; il ne subit pas, comme dans les pays manufacturiers, les alternatives du superflu et du besoin; il connaît moins ces deux extrêmes qui lui imposent des privations ou le poussent à des excès.

La misère, avec les privations qu'elle amène à sa suite, est une des causes les plus influentes sur la mortalité. Plusieurs statisticiens ont cherché à mettre cette observation en évidence; et, dans ces derniers temps encore, M. Benoiston de Châteauneuf en a donné une nouvelle confirmation dans une notice intitulée : *Sur la durée de la vie chez le riche et chez le pauvre* (1). L'auteur, à qui l'on doit un ensemble précieux de recherches sur la mortalité de l'homme dans ses différentes positions sociales, a fait, d'une part, le relevé des décès de 1600 individus des classes les plus élevées, parmi lesquels figurent 157 souverains ou princes; d'une autre part, il a relevé sur les registres de l'état civil, les décès de 2000 individus pris dans le 12ᵉ arrondissement de Paris, qui renferme une population composée d'ouvriers de toute espèce, de chiffonniers, balayeurs, terrassiers, journaliers, etc., classe dévouée à la peine, aux travaux, qui vit dans le besoin et meurt à l'hôpital. Ces recherches, qui rapprochaient ainsi l'extrême richesse de l'extrême pauvreté, ont donné les résultats suivans :

(1) Voyez le *Moniteur* du 11 mai 1829.

AGE.	MORTALITÉ.		
	Commune (1)	Des riches.	Des pauvres.
de 25 à 30 ans	1,41	0,00	2,22
30 à 35	1,56	0,85	1,43
35 à 40	1,71	1,20	1,85
40 à 45	1,91	0,85	1,87
45 à 50	2,21	1,59	2,30
50 à 55	2,68	1,81	2,58
55 à 60	3,39	1,68	4,60
60 à 65	4,41	3,06	5,76
65 à 70	5,85	4,31	9,25
70 à 75	7,80	6,80	14,14
75 à 80	10,32	8,09	14,59
80 à 85	13,15	11,58	
85 à 90	13,55	16,29	
90 à 95	14,05		

Les registres des sociétés d'assurances tendent également à mettre en évidence la plus grande mortalité des pauvres. La Société équitable avait toujours employé les tables de mortalité de Northampton, mais le secrétaire, M. Morgan, fit voir, en 1810, que les décès de 83,000 personnes assurées, qui avaient eu lieu dans l'espace de 30 années, étaient dans le rapport de 2 à 3 avec

---

(1) D'après la table de Duvillard.

ceux donnés par les tables. Parmi ces personnes d'*élite*, la mortalité des femmes est encore moindre que celle des hommes, parce que, dans la classe moyenne, les femmes sont plus exemptes de peines et de fatigues, ainsi que des funestes effets des passions et des déréglemens de conduite. En général, parmi les personnes assurées par la Société équitable, il n'en mourait annuellement qu'une sur 81,5, de 1800 à 1820 (1).

D'une autre part, pour prendre également une limite extrême, si l'on considère l'homme dans l'état de la plus grande misère et de la plus profonde dégradation, on calcule qu'il mourait annuellement un nègre esclave sur 5 ou 6, tandis que les africains libres qui servaient dans les troupes anglaises ne perdaient qu'un homme sur 33,3 (2).

Il convient du reste de bien s'entendre sur la valeur du mot richesse quand il s'agit de la population : une grande abondance de biens n'est souvent qu'un moyen facile pour satisfaire ses

---

(1) M. D'Ivernois a cité plusieurs exemples frappans de la longévité de personnes assurées et choisies dans la classe aisée à Genève. (*Bibliothèque universelle*, octobre 1833, p. 139 et suivantes.)

(2) *Elements of medical Statistics*, page 208 et suiv.

passions et se livrer à des excès de tout genre.
L'état le plus favorable pour un peuple est celui
dans lequel il trouve le moyen de pourvoir à
tous ses besoins réels, sans sortir des limites de
la tempérance, et sans se créer des besoins fac-
tices. Il est à remarquer, comme l'observe très
judicieusement M. de Tracy (1), que le peuple est
presque toujours plus riche dans les nations que
l'on appelle *pauvres* que dans les nations que l'on
appelle *riches*. Ainsi, il n'existe pas de nation
qui renferme plus de richesse que l'Angleterre,
et cependant une grande partie de sa population
doit subsister des secours publics. Les riches
provinces de la Flandre comptent certainement
plus de pauvres que le Luxembourg, pays où les
grandes fortunes sont rares, mais dont la population vit dans un état général d'aisance, et
trouve les moyens de se procurer des bénéfices
médiocres et qui ne varient jamais d'un jour à
l'autre comme dans les pays de manufactures.
On pourrait en dire autant de la Suisse et assez
généralement de tous les pays agricoles.

Selon M. Hawkins, la mortalité pour toute la
marine anglaise, dans les différentes parties du
monde, sans en excepter la population des hô-

(1) *Commentaire sur l'Esprit des Lois*, chap XVI.

14..

pitaux, était, en 1813, de 1 sur 42. Le même auteur pense que les troupes de terre ont une mortalité moindre encore que les marins.

M. Benoiston de Châteauneuf s'est aussi occupé de rechercher la mortalité de l'armée française comparativement à celle du reste de la population, et il a été conduit à plusieurs résultats curieux que je tâcherai d'indiquer sommairement (1). M. de Châteauneuf trouve d'abord qu'ici encore la classe privilégiée est celle qui se nourrit le mieux et qui souffre le moins de fatigues ; ainsi, d'après les documens de la France, la mortalité du soldat était un peu plus forte que la mortalité générale ; la garde mourait moins que l'armée, et le sous-officier mourait moins que son soldat, dans la garde comme dans l'armée.

Si l'on recherche l'influence des saisons sur la mortalité du soldat, voici les résultats que l'on obtient pour les décès de l'infanterie, de 1820 à 1826 :

Saisons.	Mois.	Décès.
Hiver........	(Janvier, Février, Mars.)	4,168
Printemps....	(Avril, Mai, Juin.)	4,182
Été.........	(Juillet, Août, Septembre.)	4,463
Automne.....	(Octobre, Novembre, Décembre.)	4,279
		17,092

(1) *Essai sur la Mortalité de l'infanterie française*

Le *maximum* des décès tombe en été. Mais, sans avoir égard au calcul astronomique qui fixe l'époque des saisons, veut-on seulement déterminer les saisons par leur influence sur l'atmosphère, à l'exemple de plusieurs médecins allemands et italiens, on a le nouveau partage suivant :

Saisons.	Mois.	Décès.
Hiver.....	(Décembre, Janvier, Février.)	3,996
Printemps.	(Mars, Avril, Mai.)	4,357
Été.......	(Juin, Juillet, Août.)	4,143
Automne..	(Septembre, Octobre, Novembre.)	4,596

Le *maximum* des décès n'est plus en été, il arrive en automne. Ainsi, de quelque manière qu'on partage l'année, soit par semestres, soit par trimestres ou saisons, l'intensité de la mortalité atteint son *minimum* en hiver. En prenant les nombres de chaque mois, on trouve deux *minima* et deux *maxima*; ces résultats s'écartent un peu moins de ceux que donne la vie civile que ne le pense M. de Châteauneuf, qui du reste ne connaissait pas lorsqu'il composait son mémoire, l'influence des saisons aux différens âges. On en

(*Annales d'Hygiène*, tome **X**, 2ᵉ partie). *Voyez* aussi un mémoire de M. le comte Morozo, *sur la mortalité des troupes piémontaises,* dans les *Mémoires de l'Académie de Turin.*

jugera en rapprochant les nombres de la France de ceux que j'ai trouvés pour la Belgique.

MOIS.	DÉCÈS EN FRANCE de 1820 à 1826.	DÉCÈS EN BELGIQUE.	
		de 16 à 20 ans.	De 20 à 25 ans.
Janvier......	1,402	0,93	0,97
Février......	1,334	0,94	1,00
Mars........	1,432	1,07	1,09
Avril........	1,475	1,18	1,02
Mai.........	1,450	1,15	1,09
Juin.........	1,257	1,03	0,96
Juillet.......	1,279	1,00	0,90
Août........	1,607	0,99	0,92
Septembre...	1,577	0,89	0,96
Octobre.....	1,638	0,87	0.95
Décembre....	1,381	0,95	1,03
Novembre....	1,260	1,01	1,11
Total.	17,092	12,00	12,00

On voit cependant qu'après les fortes chaleurs de l'été, le soldat est exposé à une mortalité que l'on ne remarque pas dans la vie civile.

Si l'on a égard aux différentes régions de la France, on trouve que les habitans des provinces du nord résistent mieux aux fatigues du service que ceux des provinces du midi; mais aucuns n'y paraissent moins propres que ceux des départemens du centre.

M. de Châteauneuf s'est encore occupé de rechercher ce qui peut causer une augmentation de mortalité chez les soldats, et il a examiné successivement l'influence de plusieurs causes telles que les duels, les maladies vénériennes, les suicides, la nostalgie, la phthisie, etc. Déjà cet habile statisticien avait examiné, dans un autre travail, l'influence de certaines professions sur le développement de la phthisie pulmonaire (1), et il était arrivé à plusieurs conclusions intéressantes. M. le docteur Lombard, de Genève, s'est occupé, depuis, du même sujet de recherches (2), et il a été à même de recueillir un grand nombre de faits dont nous ne devons pas laisser ignorer les principaux résultats.

Après avoir discuté les données que lui présentaient cinq listes différentes, formées pour Paris, Hambourg, Vienne et Genève, M. Lombard les a résumées en une seule, et a divisé les professions en trois classes, suivant qu'elles sont favorables, indifférentes ou défavorables au développement de la phthisie, ou, en d'autres termes, suivant qu'elles comptent un nombre de

---

(1) *Annales d'Hygiène,* tome VI, 1re partie, juillet 1831.

(2) *Idem,* tome XI, 1re partie, janvier 1834.

phthisiques supérieur, égal ou inférieur à la moyenne générale.

Voici cette liste générale :

1° *Professions situées au-dessus de la moyenne.*

A. Chez les hommes.

1° *Dans toutes les listes.* Les sculpteurs, imprimeurs, chapeliers, polisseurs, gendarmes, brossiers, soldats, joailliers, tailleurs, meuniers, matelassiers, passementiers, limonadiers, domestiques et perruquiers.

2° *Dans la majorité des listes.* Les écrivains-copistes, cuisiniers, tourneurs, menuisiers, barbiers, cordonniers et tonneliers.

3° *Dans une seule liste.* Les taillandiers, vignerons (1), commis-négocians, fripiers, ferblantiers, porteurs de lessive, paveurs, graveurs, mécaniciens, indienneurs, huissiers, monteurs de boîtes de montres, faiseurs de ressorts, émailleurs, peintres dessinateurs, balayeurs de rues, pâtissiers, emboîteurs de montres, instituteurs, cartiers, courtiers, faiseurs de cadrans, faiseurs de piliers de montres, emmenageurs, ministres

---

(1) Ce résultat est fondé seulement sur *six* décès, et demande confirmation. (*Note de M. Lombard.*)

du culte protestant (1), marchands ferroniers, faiseurs de limes, vanniers, bergers, maîtres d'arithmétique, officiers de police, domestiques de place, fumistes, plumassiers, tailleurs en cristaux, gaziers, chasseurs, et fabricans de rubans.

B. Chez les femmes.

1° *Dans toutes les listes.* Les lingères, cordonnières, gantières et brodeuses.

2° *Dans la majorité des listes.* Les polisseuses.

3° *Dans une seule liste.* Les faiseuses d'aiguilles de montres, horlogères, modistes, institutrices, repasseuses, fripières, marchandes de toileries et merceries, chapelières, relieuses-gaînières, tricoteuses, bijoutières, plumassières, fleuristes, brossières et dentellières.

2° *Professions situées dans les listes, tantôt au-dessus, tantôt au-dessous de la moyenne.*

A. Chez les hommes.

Les étudians, plâtriers, tailleurs de pierres, selliers, terrassiers, horlogers, charretiers, encaveurs (sommeliers) (2), orfèvres, faiseurs de

---

(1) Le nombre des phthisiques est augmenté par le décès de plusieurs ecclésiastiques anglais qui sont arrivés malades à Genève.   *M. L.*

(2) Les huit premiers états peuvent être considérés

bas, charbonniers, doreurs, musiciens, scieurs de long et vitriers (1).

B. Chez les femmes.

Les femmes de ménage, journalières, fileuses, tisseuses, gazières, doreuses, ravaudeuses et couturières.

3° *Professions situées au-dessous de la moyenne.*

A. Chez les hommes.

1° *Dans toutes les listes.* Les cochers, carriers, charpentiers, cabaretiers, bouchers, forts de la halle et gagne-deniers, portiers, tanneurs, blanchisseurs, bateliers, confiseurs, couvreurs, fondeurs, infirmiers et garde-malades.

2° *Dans la majorité des listes.* Les boulangers, forgerons, maréchaux, serruriers, maçons et tisserands.

---

comme appartenant à la première classe, c'est-à-dire, à celle qui compte un nombre de phthisiques supérieur à la moyenne générale : en effet, ils sont placés au-dessus de la moyenne dans la liste de Genève, qui peut être considérée comme beaucoup plus exacte que les autres. *M. L.*

(1) La remarque faite dans la note précédente, s'applique à ces sept professions qui sont placées au-dessous de la moyenne dans la liste de Genève. *M. L.*

3º *Dans une seule liste.* Les chirurgiens, chaudronniers, couteliers, marchands divers, coupeurs de bois, avocats, porteurs de chaises, chamoiseurs, agriculteurs, hommes de lettres, négocians, épiciers, employés dans les administrations, relieurs, régens de colléges, commissionnaires, chargeurs, sabotiers, marchands drapiers, pharmaciens, rentiers, anciens officiers, palefreniers, messagers, teneurs de livres, magistrats, teinturiers, docteurs en médecine, mesureurs de charbon, notaires, guillocheurs, hommes de loi, agens de change, culottiers, fabricans de chandelles, marchands de tabac, libraires, bourreliers, couverturiers, fourbisseurs, fontainiers, marchands de bois, professeurs, chocolatiers, porteurs d'enterremens, aubergistes, marchands de fromages, pelletiers, fourreurs, ramoneurs, agens d'affaires, architectes, armuriers, emballeurs, épingliers, jaugeurs, mouleurs (cordeurs) au port du bois, vermicelliers, maîtres de langues étrangères, aiguilliers, fileurs, cotonniers, marbriers, amidoniers, chiffonniers, porteurs d'eau, tabletiers, ouvriers dans les manufactures d'étoffes, garçons de magasin, mineurs, marchands merciers et fabricans de peignes.

B. Chez les femmes.

1° *Dans toutes les listes.* Les cardeuses-matelassières, garde-malades (infirmières), revendeuses, blanchisseuses et jardinières.

2° *Dans la majorité des listes.* Les tailleuses.

3° *Dans une seule liste.* Les frangières, passementières, dévideuses, gazières, chiffonnières, cotonnières, faiseuses de chaînettes de montres, *indienneuses*, cuisinières, domestiques, rentières, lavandières, marchandes épicières, courte-pointières, bouchères, sages-femmes, boulangères, metteuses de sangsues et portières.

Passant ensuite à la recherche des causes qui peuvent influer sur la fréquence de la phthisie, dans les diverses professions, M. Lombard arrive aux conclusions suivantes :

1° Les circonstances qui multiplient la phthisie sont : la misère, la vie sédentaire et l'absence d'exercice musculaire, les secousses des ateliers, la position courbée, l'air impur des ateliers, l'inhalation de certaines vapeurs minérales ou végétales, et enfin un air chargé de poussières grossières ou impalpables, ou de corps légers, élastiques et filamenteux.

2° Les circonstances qui exercent une influence préservative sont : la richesse, la vie active et en plein air, l'exercice régulier de toutes les parties du corps, l'inhalation de vapeurs aqueuses, ou d'émanations animales ou végétales.

Si l'on passe à l'appréciation du degré d'influence de chacune de ces circonstances dans la production de la phthisie, on trouve que le nombre moyen de phthisiques, chez les ouvriers qui s'y trouvent exposés, peut être considéré comme étant le suivant :

nombre moyen de phthisiques, 114 *sur* 1000.

1° *Influences nuisibles.*

1° Émanations minérales et végétales 0,176
2° Poussières diverses 0,145
3° Vie sédentaire 0,140
4° Vie passée dans les ateliers 0,138
5° Air chaud et sec 0,127
6° Position courbée 0,122
7° Mouvement des bras, causant des secousses thorachiques 0,116

2° *Influences préservatives.*

1° Vie active (exercice musculaire) 0,089
2° Exercice de la voix 0,075
3° Vie passée à l'air libre 0,073
4° Émanations animales 0,060
5° Vapeurs aqueuses 0,053

Il existe encore beaucoup d'autres recherches qui ont pour objet de déterminer l'influence des professions sur la mortalité (1); il nous serait bien difficile d'en présenter ici un sommaire, d'autant plus que les faits recueillis sont encore en bien petit nombre ; cependant je ne puis passer sous silence les recherches récemment faites par M. le docteur Casper, de Berlin, qui, par ses travaux dans la statistique médicale, a su prendre un rang distingué dans la science (2). M. Casper trouve que la profession de médecin est peut-être plus exposée à la mortalité qu'aucune autre, contrairement aux préjugés assez généralement reçus, et il remarque que les théologiens occupent, dans l'échelle de mortalité, l'extrémité opposée. Sans doute, il faut comprendre ici, sous la dénomination de théologiens, les ministres du culte et non les savans qui approfondissent les études théologiques ; ce qui peut faire une différence assez grande, car l'activité de l'esprit portée à un certain degré, peut devenir aussi préjudiciable, qu'une vie réglée et sédentaire est avantageuse à la conservation de l'homme. C'est

---

(1) *Voyez* particulièrement dans les *Annales d'Hygiène*, différens mémoires par MM. Parent-Duchâtelet, d'Arcet, Leuret, Marc, Villermé, Benoiston de Châteauneuf, etc.

(2) *Gazette médicale hebdomadaire de Berlin*, 3 janvier 1834, et *Annales d'Hygiène*, avril 1834.

ce qu'indique assez bien le tableau suivant, présenté par M. Casper.

Sur 100 théologiens, ont atteint l'âge de 70 ans
et au-delà............................,.... 42
Agriculteurs et employés forestiers............ 40
Employés supérieurs...................... 35
Commerçans et industriels.................. 35
Militaires............................... 32
Employés subalternes..................... 32
Avocats................................. 29
Artistes................................. 28
Instituteurs, professeurs................... 27
Médecins............................... 24

Il semblerait résulter de ce tableau que les travaux de l'esprit sont plus nuisibles à l'homme que ceux du corps, mais que l'état le plus préjudiciable est celui où les fatigues du corps se joignent à celles de l'esprit. Une vie sédentaire et qui n'est exposée à aucun genre d'excès, paraît être au contraire l'état le plus favorable. Le relevé sommaire qui va suivre suffira pour faire apprécier les extrêmes.

Sur 1,000 décès, il y en avait, savoir :

Age.	de Médecins.	de Théologiens.	Rapport.
De 23 à 32 ans.	82	43	1,91
33 à 42	149	58	2,57
43 à 52	160	64	2,50
53 à 62	210	180	1,17
63 à 72	228	328	0,70
73 à 82	141	257	0,55
83 à 92	30	70	0,43
	1000	1000	

J'ignore si l'on a des recherches bien précises sur l'influence qu'exercent les études en général sur la constitution des enfans et des jeunes gens. Ce sujet mériterait un examen sérieux, aujourd'hui surtout que bien des parens, par des soins mal entendus et quelquefois par des motifs d'amour-propre ou de cupidité très condamnables, élèvent les enfans comme on ferait croître des plantes en serre chaude, pour jouir plus tôt de leurs fleurs et de leurs fruits. De nombreux exemples sont montré combien ces fruits sont peu durables et combien ceux qui les produisent sont exposés à des morts précoces; on a vu peu de ces merveilles conserver leur réputation au-delà des limites de l'enfance ou résister aux efforts excessifs d'une organisation trop faible pour les travaux qui lui étaient imposés. Nous aurons occasion aussi d'examiner, en parlant de l'aliénation mentale, jusqu'à quel point des études trop fortes, surtout dans les sciences exactes, peuvent prédisposer à cette maladie cruelle, ou même ruiner entièrement l'organisation la plus heureuse.

Il existe des maladies, plus ou moins graves, inhérentes aux habitudes des individus et à la qualité des nourritures et des boissons dont ils font usage. De ce nombre paraît être la maladie de la pierre, qui sévit surtout dans certaines localités. Je dois à l'obligeance de M. Civiale, divers

renseignemens sur un fléau cruel, qu'il est parvenu à combattre avec tant de succès ; et j'ai
cru que ceux relatifs aux âges ne seraient pas
sans intérêt dans un travail qui a pour objet l'é-
tude du développement de l'homme. Quoique les
observations soient peu nombreuses encore, il
paraît bien certain que c'est pendant l'enfance
que la disposition à la maladie de la pierre est la
plus forte; on en pourra juger par ce qui suit.

AGES.	MALADES ATTEINTS DE LA PIERRE.			
	Lunéville.	Bristol.	Nordwich et Nordfolk	Leeds.
de 0 à 10 ans.	943	46	255	83
10 à 20	377	65	99	21
20 à 30	106	41	47	21
30 à 40	38	34	46	12
40 à 50	23	37	41	28
50 à 60	18	28	92	21
60 à 70	16	18	63	9
70 et au-des.	5	2	6	2
Totaux...	1526	371	649	197

C'est surtout vers l'âge de 5 ans, que le nombre des calculeux paraît être le plus fort. On a
observé en effet, à Lunéville, les nombres sui-

vans, d'année en année, et à partir de la naissance jusqu'à l'âge de 10 ans : 0, 17, 79, 131, 145, 143, 116, 119, 84 et 75.

Il semblerait assez qu'après la puberté, la différence d'âge n'aurait pas grande influence sur les prédispositions à la maladie, surtout en ayant égard aux nombres des individus de chaque âge que renferme une population.

La différence des sexes a une influence très marquée, et l'on compte en général 21 hommes ou environ atteints de la maladie de la pierre, pour une seule femme ; c'est de quoi l'on pourra juger par le tableau qui suit.

PAYS.	MALADES DE LA PIERRE.		HOMMES POUR 1 femme.
	Hommes.	Femmes.	
Lunéville..........	1463	63	23
Bristol............	348	7	49
Paris.............	423	16	26
Ulm..............	123	4	31
Leeds............	188	9	21
Nordwich et Norfolk..	618	31	20
États Lombards......	758	36	41
Dictionn. de médecine.	312	44	7
Pratique de M. Civiale.	419	10	42
Totaux....	4652	220	21,14

Les femmes, comme les hommes, ont une disposition plus grande à la maladie de la pierre dans l'enfance que dans des âges plus avancés. Quant au danger d'en mourir, il faut compter 1 décès pour 5, 3 malades environ, dans les différens pays, lorsqu'on a recours à l'opération de la taille. Le danger de l'opération du reste est moins grand pendant l'enfance.

II. *Influence du moral.*

Nous possédons jusqu'ici très peu de recherches concernant l'influence que le moral peut avoir sur le nombre des décès d'une nation, excepté toutefois sur le nombre des morts violentes. C'est un vaste champ ouvert aux investigations des statisticiens, qui pourront y trouver des résultats non moins intéressans pour la conservation de la société, que pour les études morales et politiques.

On a déjà vu, par l'ensemble des recherches qui précèdent, combien un peuple industrieux et prévoyant a d'avantage, pour ce qui concerne la mortalité, sur un autre peuple qui vit dans l'abrutissement et l'oisiveté. En établissant un parallèle entre l'Angleterre et la malheureuse république de Guanuaxato, j'ai montré que, proportion gardée, les décès étaient à peu près trois fois aussi nombreux dans le dernier pays que dans le premier. Nous avons vu également que la mortalité était bien moindre dans les classes élevées de la société que dans le bas peuple; et cet état de choses ne tient pas seulement à ce que d'une part on trouve l'abondance, et de l'autre les privations, mais encore à des habitudes de propreté, de tempérance, à des passions moins fréquemment excitées et à des variations moins brusques dans la manière d'être.

La violence des passions semble avoir une grande influence pour abréger la vie de l'homme. Ainsi, quand l'homme physique est entièrement développé, et qu'après l'âge de 20 ans, il paraîtrait devoir opposer le plus d'énergie à toutes les causes de destruction, il se manifeste au contraire un *minimum* dans les degrés de sa viabilité. Cet excès de mortalité qu'on ne remarque point chez les femmes, dure jusque vers l'âge de 30 ans, époque à laquelle le feu des passions se trouve déjà un peu amorti. Nous aurons occasion de mieux apprécier cette époque critique chez l'homme, quand nous examinerons tout ce qui se rapporte au développement du moral.

C'est dans les épidémies que l'on peut particulièrement reconnaître l'influence du moral sur le nombre des décès. On a pu juger, surtout pendant les ravages que le choléra a exercés en

Europe, combien l'intempérance a été fatale à ceux qui s'y livraient. Les opinions ont été bien diverses sur la nature et les moyens curatifs de ce fléau, mais toutes se sont accordées pour établir le fait que je viens d'indiquer.

Il résulte aussi de nombreuses observations, que la crainte d'un mal peut singulièrement prédisposer à le gagner : le moral exerce ici une action tout-à-fait remarquable sur le physique, et qui mérite la plus grande attention des philosophes. Ce sujet intéressant a déjà fait l'objet de bien des recherches, mais il n'a peut-être pas été abordé encore avec les moyens rigoureux d'analyse que la science est parvenue à acquérir depuis quelque temps. On a vu des personnes frappées de mort par l'excitation trop vive d'une passion; on en a vu d'autres, préoccupées de l'instant de leur mort, succomber en effet, comme leur imagination exaltée le leur avait fait craindre. Il serait extrêmement intéressant de constater quelles sont les passions qu'il est le plus dangereux d'exciter à l'excès, et jusqu'à quel point la crainte peut déterminer la mort. Ces recherches pourraient amener des modifications essentielles dans nos habitudes et nos institutions. Par exemple, l'usage où l'on est d'entourer de formes religieuses le malade dont l'état est désespéré, peut décider la mort dans bien des circonstances; et l'on ne peut qu'applaudir aux précautions prises dans certains pays, de satisfaire à ces formes dès le commencement de la maladie, quand elle offre des symptômes un peu graves. Les cérémonies religieuses ont alors moins le caractère d'un signal du passage dans l'autre vie.

Je rangerai aussi parmi les causes perturbatrices qui augmentent la mortalité, le penchant qu'a l'homme à détruire son semblable ou à se détruire lui-même, quoiqu'il le partage en général avec les animaux, qui n'obéissent qu'aux simples lois de la nature. Mais ici le penchant se manifeste sous des formes toutes différentes: ainsi, la destruction de l'homme par l'homme est crime ou vertu, selon qu'elle a lieu de telle ou telle manière; et il serait bien difficile d'assigner la limite de deux états de choses si contraires, surtout si l'on a égard à la différence des temps et des lieux. L'historique du déplacement de cette limite chez les différentes nations formerait à lui seul un ouvrage du plus haut intérêt, et nous montrerait par quelles phases a dû passer l'humanité.

Du reste l'examen de ces sortes de questions trouvera plus naturellement sa place, quand je m'occuperai du développement des qualités morales de l'homme, et que j'aurai à parler du duel et de l'homicide. Ce serait peut-être aussi le lieu de parler de la destruction des hommes par d'autres hommes, quand elle se fait sur une plus grande échelle, et dans des formes consacrées par nos mœurs et nos institutions ; car nos idées sur les guerres tiennent également à la statistique morale.

Je viens de montrer, par différens exemples, combien le moral peut influer sur la mortalité humaine ; un autre exemple non moins frappant de cette influence c'est celui que nous présentent les morts-nés, quand on fait la distinction des naissances légitimes et illégitimes. Le funeste héritage du vice n'atteint pas seulement l'enfant avant sa naissance, il le poursuit encore long-temps après qu'il a échappé à ce premier danger ; et la misère bien souvent aggrave encore le mal. Ainsi, il résulte des recherches de Baumann et Süssmilch que la mortalité présente les rapports suivans, toutes choses égales :

Morts-nés.............	1 légit.	2,0 illég.
1er mois après la naissance	1	2,4
2e et 3e mois...........	1	2,0
4e, 5e et 6e mois........	1	1,7
Reste de l'année........	1	1,5
2e année...............	1	1,4
3e et 4e année.........	1	1,3

La différence est encore prononcée jusqu'à la septième année, de sorte que, d'après Baumann, le dixième des enfans illégitimes seulement parviendrait à la maturité. Ce résultat est bien propre à expliquer ce qu'on observe dans la république de Guanuxato, « où rien n'égale la masse des souillures physiques, morales et politiques (1). »

M. Casper donne un tableau de la mortalité des enfans à Berlin (2), duquel il résulte que sur 28705 enfans morts avant l'âge de 15 ans, pendant la période décennale de 1813 à 1822, il se trouvait 5598 enfans illégitimes ; ce qui donnait annuellement 2311 décès d'enfans légitimes, et 160 d'enfans illégitimes, morts avant quinze ans. Mais, d'après ce même savant, vers la même époque, il naissait annuellement 5663 enfans légitimes et 1080 enfans illégitimes. Le rapport des décès était donc de 1 sur 2,5 pour les premiers, et de 1 sur 1,9 pour les seconds.

Ce qui tend surtout à augmenter la mortalité des enfans illégitimes, c'est que le plus grand nombre est généralement abandonné à la charité publique. La privation des soins d'une mère, qui est la conséquence nécessaire d'un pareil abandon, et les autres privations de toute espèce au moment où elles sont le plus utiles, expliquent suffisamment la grande mortalité qui règne ordinairement dans les hospices d'enfans trouvés.

(1) Sir F. D'Ivernois, *Sur la mortalité proportionnelle.*
(2) *Beitrage,* page 173.

Afin de faire apprécier cette mortalité, M. Benoiston de Châteauneuf, dans ses *Considérations sur les enfans trouvés* (1), évalue ainsi la mortalité de l'enfance en Europe, pendant le siècle qui vient de finir.

	Minimum.	Maximum.
De 0 à 1 an..	19 sur 100.	45 $\frac{1}{2}$ sur 100
0 à 3 ans.	26 $\frac{8}{3}$	50
0 à 4 ans.	30	53
0 à 10 ans.	35	55 $\frac{5}{7}$

D'après ce savant, la mortalité des enfans trouvés dans plusieurs villes de l'Europe, était de 0 à un an :

à Pétersbourg, en 1788......	40 sur 100.
à Florence, à la même époque..	40
à Barcelonne, en 1780........	60
à Paris, en 1789...........	80
à Dublin, en 1791...........	91

« De 0 à 4 ans, on la trouve à Rome, Madrid, Dublin et Paris, de 50, 62, 76 et 98 sur 100 (2).

---

(1) Paris 1824, 1 vol. in-8°.

(2) M. de Gérando, dans son excellent ouvrage, *le Visiteur du pauvre*, fait la mortalité de 1 sur 7, pour les enfans que les hospices civils de Paris envoient en nourrice au dehors, page 295 ; mais il faut observer que ces enfans ont de 0 à 12 ans ; et en cela les nombres sont d'accord avec ceux donnés par M. Benoiston, à la page 76 de ses *Considérations*, etc.

» Enfin, au bout de vingt ans, sur 19,420 enfans reçus dans la maison de Dublin, il n'en restait plus que deux mille vivans, et sept mille seulement à Moscow, sur 37600. Quelle effroyable destruction ! La guerre et les épidémies exercent de moins cruels ravages sur le genre humain..... Et que l'on ne croie pas que des temps plus modernes aient amené des résultats plus heureux; que ce funèbre catalogue, que nous pourrions encore étendre, présente aujourd'hui des nombres moins forts. D'après des renseignemens authentiques que nous avons sous les yeux, à Madrid, en 1817, il mourait soit à l'hospice, soit à la campagne, 67 enfans sur 100; à Vienne, en 1811, 92; à Bruxelles, de 1812 à 1817, 79. A cette époque, l'hospice, peu vaste, mal aéré, malsain, fut transporté dans un autre quartier de la ville, et depuis lors on a remarqué un abaissement considérable dans le terme moyen des décès, qui n'est plus que de 56 sur 100 (1). »

***

(1) J'ai trouvé, par les résultats moyens des huit années de 1815 à 1822, que la mortalité de l'hospice de Bruxelles, était de 66,38 sur 100 ; c'était à cette époque la mortalité la plus forte que l'on remarquât dans les 19 hospices que comptait le royaume ; les hospices ont donné pour mortalité moyenne 45,07 sur 100. (*Voyez Recherches sur les naissances, etc.*)

Ce qui précède montre assez quelle influence peuvent avoir sur la vie et la mort des enfans trouvés, les soins bien entendus des administrations. Ce n'est point ici le lieu d'examiner jusqu'à quel point on peut approuver les institutions où ces infortunés sont recueillis ; mais il peut être intéressant de connaître combien, depuis leur propagation, les enfans trouvés et abandonnés se sont multipliés. A Paris, par exemple, le rapport de leur nombre avec celui des naissances, suit, depuis un siècle, la progression suivante (1).

Années.	Rapport sur 100.
De 1710 à 1720	9,73
1720 à 1730	11,37
1730 à 1740	14,48
1740 à 1750	18,21
1750 à 1760	23,71
1760 à 1770	30,75
1770 à 1780	33,06
1780 à 1790	28,70
1790 à 1800	17,69
1800 à 1810	20,95
1810 à 1820	22,88

On voit que la proportion monte rapidement dans les dernières années du règne de Louis XV ;

(1) *Considérations sur les enfans trouvés*, page 29.

elle diminue de plus dès deux tiers sous la Convention ; elle augmente de nouveau sous le gouvernement impérial, et paraît stationnaire depuis la révolution.

M. de Châteauneuf, à qui j'emprunte la plupart des renseignemens qui précèdent, donne les rapports suivans, pour quelques-unes des principales villes de l'Europe.

	Enfans trouvés.
Lisbonne, de 1815 à 1819	26,28 sur 100 naiss.
Madrid.................	25,58
Rome, 1801 à 1807.......	27,90
Paris, 1815 à 1821.......	20,91
Bruxelles, 1816 à 1821....	14,68
Vienne, 1815 à 1821......	23,43.
Pétersbourg, 1820........	45,00
Moscou................	27,94
Dans le comté de Nice.....	6,06
En Savoie.....	5,83

Ainsi, dans la plupart des villes citées précédemment, on expose environ le quart des enfans. Cet état de choses est bien propre à faire naître de tristes réflexions sur la misère et la démoralisation des grandes villes. Paris produit annuellement environ 21 enfans trouvés pour 100 naissances; tandis que le reste de la France n'en produit que 3,52. Il est vrai que cette disproportion serait bien moins forte si, par toute la France, on avait la même facilité qu'à Paris, d'envoyer les enfans aux hospices; et il est juste de dire aussi que l'on envoie à Paris beaucoup d'enfans qui n'appartiennent pas à la ville. En Belgique, on a obtenu les valeurs suivantes, d'après les résultats des dix années qui ont précédé 1833 (1) :

PROVINCES.	NAISSANCES. MOY. ANN.	ENFANS TROUVÉS et ABANDONNÉS.	ENFANS TROUVÉS sur 100 naissances.
Anvers............	11018	2156,5	19,6
Brabant..........	18893	2307,4	12,2
Flandre occid...	20315	480,5	2,3
Flandre orient..	24148	693,8	2,9
Hainaut..........	20016	1830,2	9,1
Liége............	11837	212,2	1,9
Namur...........	6399	844,9	13,2
Le royaume (2).	112626	8525,5	7,6

Il est assez difficile de s'expliquer les différences que présentent les diverses provinces d'un pays tel que la Belgique, à moins d'en

(1) Voyez *Correspondance mathématique et physique*, tome VIII, 2ᵉ livraison, page 135.
(2) Sans les provinces de Liége et de Luxembourg.

chercher les causes dans la facilité que trouvent les mères, dans certaines localités, d'exposer leurs enfans. On doit lire à ce sujet les observations de M. de Gouroff, l'un des hommes qui se sont occupés avec le plus de soin de tout ce qui concerne les enfans trouvés (1). « La ville de Londres dont la population est de 1,250,000 habitans, dit cet auteur, n'a eu dans l'espace de cinq ans, depuis 1819 juqu'à 1823, que 151 enfans exposés ; et le nombre des enfans illégitimes, reçus dans quarante-quatre maisons de travail (*work-houses*), ne s'est élevé dans le même espace de temps, qu'à 4668 ; et encore un cinquième environ de ces enfans sont-ils entretenus aux dépens de leur père. Par un contraste frappant, Paris, qui n'a que les deux tiers de la population de Londres, a compté, dans les cinq mêmes années , 25277 enfans trouvés, tous entretenus aux frais de l'état.

» Veut-on une preuve plus certaine encore de l'influence qu'ont les maisons d'enfans trouvés pour multiplier l'abandon des nouveau-nés? Mayence n'avait pas d'établissement de ce genre, et depuis 1799 jusqu'à 1811, on y exposa trente enfans. Napoléon ordonna d'établir un *tour* dans

---

(1) *Essai sur l'histoire des enfans trouvés*, in-8°, Paris, 1829.

cette ville. Le *tour* fut ouvert le 7 novembre 1811, et subsista jusqu'au mois de mars 1815, où le grand duc de Hesse Darmstadt le fit supprimer. Pendant ces trois ans et quatre mois, la maison reçut 516 enfans trouvés. Une fois qu'elle fut supprimée, comme l'habitude de l'exposition n'était pas enracinée dans le peuple, tout rentra dans l'ordre; on ne vit dans le cours de neuf années suivantes que sept enfans exposés. »

En proposant la réforme des hôpitaux d'enfans trouvés, M. de Gouroff ne veut pas que l'on agisse précipitamment. « Il faut au contraire, dit-il, de la réflexion, du temps et de la patience pour préparer et exécuter peu à peu les mesures qui doivent la précéder, et ne pas faire la faute de quelques villes de la Belgique, qui, en 1823, pour ne pas avoir à leur charge les enfans qu'on apportait du dehors, supprimèrent les *tours*. Bientôt la vie de plusieurs nouveau-nés fut compromise, et la clameur publique fit donner l'ordre par le gouvernement de les rétablir. »

Les principales conclusions du travail de M. de Gouroff, sont :

1° Que dans les pays catholiques, ou mieux dans ceux où l'on a ouvert des asiles à tous les enfans indistinctement qui sont abandonnés à leur naissance, ces petits infortunés sont beaucoup plus communs, beaucoup plus nombreux qu'ailleurs.

2° Qu'il règne dans ces asiles une mortalité épouvantable, et tout-à-fait hors de proportion avec la mortalité la plus forte, qui moissonne les autres petits enfans, même dans les classes les plus indigentes.

3° Que l'infanticide est à peine prévenu par les maisons d'enfans trouvés ; ou mieux, que pour empêcher quelques infanticides, soit directs, soit indirects, par l'effet d'un abandon non secouru, ces maisons détruisent elles-mêmes uu nombre incomparablement plus grand d'enfans.

III. *Influence des lumières et des institutions politiques et religieuses.*

La civilisation, en rendant plus douce l'existence de l'homme, est parvenue aussi à la rendre plus longue ; le développement des lumières a contribué à faire assainir les demeures particulières et l'enceinte des villes, à faire disparaître peu à peu les terrains marécageux et les causes si fréquentes d'épidémies qui désolaient nos aïeux. Les lumières, en multipliant entre les peuples les relations commerciales, ont aussi rendu moins fréquentes et moins redoutables les famines, dont les chances ont diminué d'une autre part en améliorant la culture des terres et en variant les moyens de subsistance; les connaissances médicales et l'hygiène publique ont également trouvé des moyens précieux pour combattre la mortalité, tandis que le développement de l'industrie et les garanties que recevait la société par des institutions plus libérales, contribuaient à répandre l'aisance et les moyens les plus actifs de conservation.

Il paraît bien établi aujourd'hui que dans les pays où la civilisation fait le plus de progrès on a aussi observé la plus grande diminution de mortalité. Il ne faut cependant pas s'exagérer ces avantages, comme on l'a fait pour quelques pays; plus les documens statistiques acquièrent d'exactitude, plus nous découvrons chaque jour de nouveaux préjugés à cet égard. L'Angleterre s'est placée dans une position avantageuse qui a toujours fixé l'attention des savans qui se sont occupés de la théorie de la population; mais c'est peut-être à ce royaume que ma remarque est le plus applicable. Si nous examinons quelle a été la mortalité depuis le commencement du 18e siècle, nous trouverons, d'après deux de ses statisticiens les plus estimés (1) :

(1) M. Marschal donne, pour la population de l'An-

Années.	Habitans pour 1 décès.
1700	43
1750	42
1776 à 1800 inclusivement	48
1806 à 1810	49
1816 à 1820	55
1826 à 1836	51

D'après ces nombres, il y aurait en effet un décroissement de mortalité très sensible; mais on sait que des omissions assez nombreuses ont eu lieu dans les chiffres mortuaires. M. Rickman lui-même pense que, par suite de ces omissions, il ne faut compter que 1 décès sur 49 habitans au lieu de 1 sur 51, pour les cinq dernières années, tandis que, d'après M. Hawkins, la mortalité aurait été de 1 sur 60, pour 1822 (1). D'une autre part, le recensement peut avoir été également fautif. Du reste, on pourrait objecter que ces inexactitudes, si elles pouvaient être corrigées, ne mettraient probablement que mieux en évidence une plus grande différence encore de mortalité, puisque le chiffre mortuaire est généralement

---

gleterre et du pays de Galles, en 1700 et 1750, les nombres 5475000 et 6467000 et pour les décès 132728 et 154686. Les autres rapports sont puisés dans le dernier ouvrage de M. Rickman.

(1) *Elements of medical Statistics*, page 16.

d'autant plus faible qu'on met plus de négligence à le recueillir. Cela supposerait toutefois que le chiffre de la population est exact.

Les changemens survenus dans les grandes villes méritent surtout de fixer l'attention. En 1697, par exemple, le nombre total des décès s'élevait à Londres à 21000; cependant, un siècle après, en 1797, le nombre n'était que de 17,000, malgré l'augmentation de population (1). Ces avantages ont été obtenus surtout depuis 50 à 60 ans, depuis que la ville a augmenté avec tant de rapidité ses limites et sa population. Dans le milieu du siècle dernier, la mortalité annuelle était encore de 1 sur 20; elle n'est plus maintenant que de 1 sur 40, d'après le recensement de 1821; de sorte qu'elle a diminué exactement de moitié. Il est vrai de dire que la mortalité, vers le milieu du siècle dernier, avait pris un accroissement que l'on peut attribuer à l'abus excessif que l'on faisait alors des liqueurs fortes.

Les villes de Manchester, de Liverpool et de Birmingham ont présenté à peu près le même décroissement de mortalité que Londres. Il est bien difficile de croire cependant qu'il ne s'est

----

(1) *Elements of medical Statistics,* by F. Bisset Hawkins, page 18.

pas glissé quelque erreur dans de pareilles estimations.

La France a éprouvé, comme l'Angleterre, une diminution de mortalité, si l'on peut s'en rapporter aux documens anciens (1). Selon M. Villermé, on comptait, en 1781, 1 décès sur 29 habitans; en 1802, 1 sur 30; et actuellement, on en compte 1 sur 40 (2).

En Suède, de 1755 à 1775, il y avait 1 décès sur 35 habitans; de 1775 à 1795, 1 sur 37; et, en 1823, 1 sur 48.

De même, à Berlin, de 1747 à 1755, la mortalité annuelle était de 1 sur 28; et, de 1816 à 1822, dans un rapport moindre que 1 à 34.

M. Moreau de Jonnès, dans une notice sur la mortalité en Europe, a présenté le tableau sui-

---

(1) M. Finlaison a réussi à se procurer les registres des tontiniers, tant en France sous Louis XIV, qu'en Angleterre sous Guillaume III, et il s'est assuré que la vie des tontiniers français était alors plus longue que celle des tontiniers anglais. (*Voyez* à ce sujet les observations de M. D'Ivernois, *Bibliothèque universelle*, octobre 1833, page 146.)

(2) Il est bon de prévenir néanmoins, que la mortalité calculée pour le commencement de ce siècle est extrêmement douteuse. On peut voir à cet égard les judicieuses observations de sir F. D'Ivernois dans la *Bibliothèque universelle de Genève*, 1833.

vant, qui tend également à prouver l'influence de la civilisation sur le nombre des décès, pour des époques dont l'intervalle a été marqué par des améliorations sociales (1).

PAYS.	ANNÉES.	1 DÉCÈS sur	ANNÉES.	1 DÉCÈS sur
Suède..........	1754 à 1768	34	1821 à 1825	45
Danemarck.....	1751 à 1754	32	1819	45
Allemagne......	1788	32	1825	45
Prusse..........	1717	30	1821 à 1824	39
Wurtemberg....	1749 à 1754	31	1825	45
Empire d'Autr..	1822	40	1825 à 1830	43
Hollande........	1800	26	1824	40
Angleterre......	1690	33	1821	58
Grande-Bretagne.	1785 à 1789	43	1800 à 1804	47
France.........	1776	25,5	1825 à 1827	39,5
Canton de Vaud.	1756 à 1766	35	1824	47
Lombardie.....	1767 à 1774	27,5	1827 à 1828	31
États Romains..	1767	21,5	1829	28
Écosse..........	1801	44	1821	50

Je le répète, je suis bien loin de croire à cet état prospère que sembleraient indiquer les chiffres qui précèdent; cependant on ne saurait

(1) Il est à regetter que l'auteur n'indique pas les sources où il a puisé : ses résultats auraient beaucoup plus de valeur. Plusieurs nombres du tableau doivent au moins paraître très douteux.

s'empêcher de méconnaître que les décès ont généralement diminué avec le développement de la civilisation et de l'aisance. Quelques pays ensuite ont naturellement dû perdre de leur population, ou tout au moins demeurer stationnaires, en perdant les avantages dont ils jouissaient d'abord. Ainsi, l'opulente cité d'Amsterdam, qui, par son activité, a été pendant quelque temps sans rivale en Europe, s'est ressentie de la baisse de son commerce. En 1777, la mortalité y était de 1 sur 27, et elle avait encore conservé la même valeur, d'après les résultats moyens des 12 années qui ont précédé 1832. Les décès s'élevaient effectivement au nombre de 7336, et la population était, au 1er janvier 1830, de 202175 personnes, dont 90292 du sexe masculin et 111,883 du sexe féminin. Le tableau qui suit fera connaître le nombre des décès, année par année (1).

---

(1) *Jaarbockje*, par Lobatto, diverses années.

Décès dans la ville d'Amsterdam (1).

ANNÉES.	DÉCÈS.			NAISSANCES. Total.
	MASCULINS.	FÉMININS.	TOTAL.	
1821	3618	3507	7125	7342
1822	4041	3957	7998	7600
1823	3279	3355	6634	7182
1824	3082	2994	6076	7860
1825	3184	3118	6302	7352
1826 (2)	4351	4457	8808	7438
1827	4133	4107	8240	6890
1828	3562	3516	7078	7208
1829	4056	3942	7998	7403
1830	3387	3427	6814	7306
1831	3479	3659	7138	7342
1832 (3)	4057	3765	7822	6452
Moyenne.	3686	3650	7336	7282

(1) Les cinq années, de 1816 à 1820, ont donné :

1816	6233	6615
1817	8416 (a)	7040
1818	6300	6888
1819	6557	7154
1820	7066	6850
Moyenne........	6914	6909

(a) C'est l'année de disette.

(2) Époque de l'épidémie de Groningue.

(3) Année du choléra.

En comparant les naissances aux décès qui ont eu lieu pendant les années indiquées dans le tableau qui précède, on peut voir qu'elles ont été dans leur valeur moyenne, numériquement inférieures au nombre des décès : on a compté en effet annuellement 7282 naissances et 7336 décès. Il est vrai qu'Amsterdam a été affligée par différens fléaux ; il paraît constant, néanmoins, que sa population n'est pas en croissance, ce qui est un indice presque toujours infaillible de perte de prospérité, quand la vie moyenne n'y atteint pas une valeur très élevée.

Si l'on considère les âges sur lesquels tombe la mortalité, on aura une nouvelle preuve de l'influence que nos institutions et nos habitudes ont pour la modifier. En parlant des morts-nés, nous avons montré combien leur nombre est susceptible d'augmenter dans l'enceinte des villes et particulièrement au milieu des excès de tout genre que fait naître la démoralisation ; nous avons fait voir encore que les enfans qui naissent dans ces malheureuses circonstances, ont bien moins de chances de vivre, surtout si les parens sont dans la misère. Différens dangers accueillent leurs premières années et les attendent dans le cours de leur carrière ; ainsi, sans parler de ceux auxquels nous sommes exposés par notre nature, les uns tiennent à nos mœurs, d'autres à nos

institutions religieuses, d'autres enfin à nos institutions politiques. Pour ceux qui tiennent à nos
mœurs, j'ai déjà essayé de les indiquer; j'ai fait
voir aussi l'influence que pouvaient exercer certaines institutions religieuses; le baptême, par
exemple, sur la première enfance, le carème et
les abstinences sur nos forces reproductives, et
probablement sur notre vitalité, les cérémonies
religieuses et les apprêts de mort sur l'esprit du
malade. On peut encore joindre à ces causes actives qui modifient la grandeur d'une population,
l'état de célibat que s'impose toute une classe
d'hommes dont le nombre, dans l'esprit du ca-
tholicisme, était autrefois beaucoup plus étendu
qu'il ne l'est de nos jours.

Parmi les institutions politiques, la levée des
milices et les guerres sont également, malgré ce
qu'on a pu en dire, des causes toujours nouvelles
de mortalité, d'autant plus affligeantes qu'elles
tombent sur la partie la plus saine et la plus précieuse de la population, sur l'homme qui vient
d'atteindre son développement physique et qui
se prépare à payer à la société la dette que lui
ont fait contracter tous les soins prodigués à son
enfance. Dans quelques pays même, par un em-
pressement trop grand à enrégimenter les hommes, avant même qu'ils aient eu le temps de se
développer entièrement, on les expose à de

nouvelles chances de mort; ou du moins, par les fatigues, on mine prématurément la vigueur des générations nouvelles.

Les gouvernemens disposent en quelque sorte de la vie des hommes qu'ils ont constamment sous leur influence, depuis qu'ils ont vu le jour jusqu'au moment où ils descendent au tombeau. Je ne parlerai point ici de la forme même des gouvernemens; on sait trop combien ceux qui sont favorables au despotisme arrêtent le développement de l'espèce, et combien au contraire, une sage liberté en secondant toutes les industries et tous les efforts individuels, donne à l'homme de moyens de pourvoir à sa conservation. Je ne parlerai pas non plus de l'immense distance qui existe entre les degrés de mortalité de l'esclave et du maître, malgré tous les excès auxquels ce dernier se livre trop souvent (1); mais je ne puis me dispenser de jeter un coup d'œil rapide sur la mortalité dans les institutions créées par l'homme pour la protection de la société, et de parcourir

(1) Cependant la mortalité des Européens à Batavia paraît aussi grande que celle des esclaves, mais cette circonstance paraît tenir à ce que les chances de mortalité augmentent beaucoup pour l'homme adulte qui se transporte dans des climats très différens de celui où il s'est développé. C'est ce que confirmerait le tableau suivant que

rapidement ce qui concerne la vaccine, les hôpitaux, les hospices, les prisons, etc.; mon but sera moins de traiter ce sujet à fond, que de montrer combien, selon les localités, les nombres peuvent varier dans de larges limites.

Dans la plupart des pays civilisés, il existe sur la vaccine des réglemens plus ou moins sévères, qui sont suivis avec plus ou moins de rigueur. Selon M. le docteur Casper et plusieurs autres savans qui ont écrit sur les ravages causés par la petite-vérole, il paraîtrait que les générations étaient autrefois décimées par ce fléau, c'est-à-

---

donne M. Moreau de Jonnès, sans citer malheureusement ses sources.

Batavia.... 1805.	Européens...	1 décès sur 11 individus.	
	Esclaves....	»	13
	Chinois.....	»	29
	Javanais....	»	40
Bombay... 1815.	Européens..	»	18,5
	Musulmans.	»	17,5
	Parses......	»	24,0
Guadeloupe 1811 à 1824.	Blancs.....	»	23,5
	Affranchis..	»	35
Martinique 1815.	Blancs......	»	24
	Affranchis ..	»	33
Grenade... 1815.	Esclaves....	»	22
Ste-Lucie.. 1802.	Esclaves....	»	20

(1) *Beitrage,* etc., page 193. Plusieurs des détails dans lesquels je suis entré au sujet de la vaccine, sont empruntés à M. Casper.

dire que le dixième de notre espèce succombait sous son influence. Duvillard avait reconnu (1): 1° que, dans l'état naturel, sur 100 individus de 30 ans, on ne compte guère que 4 individus qui n'aient point été atteints de la petite-vérole; 2° que les deux tiers de tous les nouveau-nés en sont atteints plus tôt ou plus tard; 3° que la petite-vérole, dans les premières années qui suivent la naissance, fait périr au *maximum* un enfant sur trois malades; 4° et que sur sept à huit malades de la petite-vérole, d'un âge quelconque, il en meurt un. Tel était l'état des choses avant l'invention de la vaccine; il s'est beaucoup amélioré depuis; cependant, en 1817, 745 personnes moururent encore à Paris par la petite-vérole; en 1818, 993; et, en 1822, le nombre en alla même à 1084. A Saint-Pétersbourg, on comptait également, en 1821, 408 décès par suite de la petite-vérole; et à Vienne, 238, en 1822; tandis qu'à Londres, cette dernière année en produisit 712. La Prusse a été mieux partagée, sous ce rapport, que les autres pays : pendant les deux années de 1820 et 1821 prises ensemble, elle n'a perdu qu'une personne sur 7204 par suite de la petite-vérole, tandis que la France en a perdu 1

---

(1) *Analyse et tableaux de l'influence de la petite-vérole.*

sur 4218, pendant les deux années précédentes.
Voici les résultats qu'a présentés la seule ville de
Berlin, pendant près d'un demi-siècle.

De 1782 à 1791 inclusivement	4453 décès.
De 1792 à 1801	4999
De 1802 à 1811	2955
De 1812 à 1822	555

Le nombre des décès de la dernière période,
qui est extrêmement faible en comparaison de
celui des années précédentes, serait bien moindre encore sans les chiffres fournis par les années
de 1814 et 1815, pendant lesquelles les vaccina-
tions ont sans doute été négligées. Ces deux années ont donné en effet 411 décès par la petite-
vérole, de sorte que les décès des huit autres
années ne s'élèvent qu'à 144. Du reste, ce serait
tomber dans une grave erreur, comme l'observe
très bien M. Villermé (1), de compter comme
autant de gagné pour la population, tous les individus vaccinés que la petite-vérole aurait enlevés, et tous ceux qui auraient succombé à une
maladie dont on les garantit. «Une épidémie ou
toute autre maladie dont on se préserve, dit ce
savant, supprime bien une cause de mort, mais
par cela même la probabilité de mourir des au-

_____

(1) *Des Épidémies,* janvier 1833.

tres maladies devient plus grande. En d'autres termes, en fermant une porte à la mort, le préservatif d'une maladie ouvre les autres plus larges, en ce sens, si l'on peut ainsi parler, que plus de personnes passent par ces dernières ; ce qui ne veut point dire que la mortalité doive être également rapide..... Par conséquent, la vaccine, comme tout préservatif de maladies épidémiques, même d'une maladie quelconque, n'augmente pas la population de notre vieille Europe, *du moins directement* ; mais, ce qui vaut mieux, elle améliore le sort de ceux qu'elle arrache aux chances de la petite-vérole, elle diminue le nombre des aveugles, elle conserve aux individus leur beauté native et elle allonge leur vie moyenne. »

On peut donc regarder comme une véritable conquête des lumières, la précieuse découverte de Jenner. On reconnaît surtout les progrès de la civilisation dans le soin avec lequel elle a su écarter tout ce que la société présentait de plus hideux ou de plus misérable ; peut-être même une philanthropie peu éclairée a été trop loin dans son zèle ; et, en cherchant à éviter certains maux, elle en a fait naître d'autres. Rien n'est plus propre à émouvoir notre compassion que le faible enfant qu'une mère dans la détresse abandonne à la charité publique ; cependant un excès de commisération, peut devenir un encouragement pour le vice, et une véritable charge toujours croissante pour la société.

Il paraît que c'est dans cette crainte qu'on n'a point formé d'hospice des enfans trouvés à Édimbourg (1). On a vu du reste combien la mortalité est affreuse dans la plupart de ces établissemens, malgré tous les efforts de l'art, qui est cependant parvenu à la combattre avec succès. M. Hawkins, dans ses *Élémens de Statistique médicale* (2), dit que la mortalité, dans l'hospice des enfans trouvés de Dublin, était si grande, qu'elle devint l'objet d'une enquête parlementaire : sur 10272 enfans malades, envoyés à l'infirmerie attachée à l'hospice, pendant 21 ans, qui se terminaient en 1796, on n'en conserva que 45! 10201 de ces malheureux enfans étaient affectés de symptômes syphilitiques, tandis que, dans les derniers temps, on n'en comptait qu'un seul sur 30. Nous avons montré aussi combien l'art, aidé par une bonne administration, était parvenu à diminuer la mortalité dans les hospices de la

(1) In Edimburgh an attempt has been occasionally made to form a foundling hospital, but has failed from the opinion of its injury to morality. (Hawkins, *Elements of medical Statistics*, page 132.)

(2) Page 130.

maternité. Mon but, en parlant de ces établissemens, ne peut être sans doute d'en présenter un
tableau complet, mais j'ai dû chercher à montrer
combien nos institutions politiques et nos établissemens philanthropiques peuvent faire varier
les degrés de mortalité, quelles que soient d'ailleurs les causes de ces grandes variations. C'est
encore dans la même vue que je crois devoir
jeter un coup d'œil sur la mortalité des hôpitaux
des différens pays. Ce sujet épineux peut donner
lieu à de grandes erreurs, parce que tous les hôpitaux ne reçoivent pas des malades affectés de
maladies également graves et également avancées
dans leur période. Il convient donc d'user de
beaucoup de réserve et surtout de ne comparer
entre eux que les hôpitaux qui reçoivent les
mêmes espèces de malades. Je suivrai à cet égard,
pour guide, M. F. Bisset Hawkins, et j'emprun-
terai les nombres qu'il donne dans ses *Élémens
de Statistique médicale.*

En 1685 dans les hôpitaux de Saint-Bartholomé
et de Saint-Thomas, la mortalité était
de. . . . . 1 sur 7
En 1689, dans l'hôpital Saint-Thomas. . . . . 1 sur 10
En 1741. . . . . 1 sur 10
De 1773 à 1783. . . . . 1 sur 14
De 1783 à 1793. . . . . 1 sur 15
De 1803 à 1813. . . . . 1 sur 16

D'après le premier rapport de l'hôpital Saint-Georges, publié pour 1734, la mortalité était de 1 sur 8; elle était, pour 1825 et 1827, de 1 sur 9.

La mortalité dans l'hôpital royal d'Édimbourg, d'après la période décennale qui se terminait en 1818, était de 1 sur 16, comme à l'hôpital Saint-Thomas de Londres.

M. Casper, dans des recherches spéciales sur l'état des pauvres à Paris (1), a présenté un tableau comprenant les décès proportionnels et la durée du séjour dans les hôpitaux et hospices de Paris. Comme les données de ce savant méritent de la confiance par les sources où elles ont été puisées, et par les vérifications que l'auteur a pu faire lui-même sur les lieux, j'ai cru devoir lui emprunter les nombres suivans.

---

(1) *Beitrage*, das Armen-und armen kranken-wezen in Paris.

HOPITAUX DE PARIS. 1822.	MORTALITÉ.	DURÉE MOY. du séjour.
Hôtel-Dieu.............	1 sur 6,8	25,2 j.
Pitié..................	8,2	28,0
Charité...............	5,5	30,6
St-Antoine.	6,7	31,6
Necker.	5,6	33,6
Cochin.	8,3	25,8
Beaujon.	6,2	30,8
St-Louis.	14,4	60,3
Vénériens.	33,2	66,4
Enfans malades.	4,4	51,3
Maison d'accouchemens....	28,0	21,1
Enfans trouvés. Service intér.	4,3	11,2
extér.	6,2	
Maison royale de santé.. ..	5,8	24,7
Maison de santé (Vénériens).	113,0	41,0
HOSPICES DE PARIS. 1822.		
Salpétrière.	8,4	
Bicêtre.	7,6	
Incurables, hommes. ...	6,7	
Incurables, femmes. ...	11,1	64,0
Hospice des ménages.. ...	11,8	31,5
« des orphelins. ...	75,3	
« de la Rochefoucauld.	8,4	
Institut de Ste-Périne. ...	9,1	302,0

Il paraît que la mortalité des hôpitaux, dans le reste de la France, n'est pas aussi grande qu'à Paris. Ainsi, à l'Hôtel-Dieu de Lyon, elle n'est que de 1 sur 11; et, à Montpellier, de 1 sur 10, pour la moyenne de tous les hôpitaux. Voici un relevé de la mortalité dans les principaux hôpitaux de l'Europe (1), que l'on pourra comparer aux données précédentes.

	MORTALITÉ.
	1 sur
Berlin, hôpital de la Charité, de 1796 à 1817............................	6 environ.
Vienne, Grand-Hôpital..............	6
Pesth, en Hongrie, Hôpital-Civil, 1826..	6
Dresde, Hôpital de la ville, 1816.......	7
Munich, le Nouvel-Hôpital, 1819......	9
Pétersbourg, Hôpital-Impérial, 1817(2)	4,5
Genève, Hôpital, 1823..............	11
Bruxelles, hôpital Saint-Pierre, 1823..	9
Amsterdam, hôpital Saint-Pierre, 1798 à 1817........................	8
Turin et Gênes, 1821..............	7
Milan, Grand-Hôpital, 1812 à 1814...	6
Pavie, San-Matheo della Pieta, 1823(3)	10,7
Bologne, clinique de Tommasini, 1816 à 1819........................	7,7
Livourne, 1818 à 1825..............	7,3
Palerme, Grand-Hôpital, 1823........	8,2

(1) *Elements of medical Statistics.*

(2) A l'égard des hôpitaux généraux de la Russie, en 1811, la mortalité dans les établissemens qui contenaient plus de 30 malades, était de 1 sur 9; et de 1 sur 10, dans ceux qui avaient moins de 30 malades.

(3) On y reçoit les femmes pour faire leurs couches.

Il paraîtrait, d'après tous ces documens, que la mortalité dans les principaux hôpitaux du continent est généralement plus grande que dans ceux d'Angleterre. On peut s'étonner, du reste, qu'en la comparant pour les principaux états de l'Europe, on ne trouve pas de discordances plus grandes, surtout si l'on considère combien le local et les ressources dont les hôpitaux peuvent disposer doivent avoir d'influence, sans parler des différens systèmes médicaux que l'on y suit. M. Hawkins a fait, sous ce dernier rapport, une remarque assez curieuse. « On doit *rarement* attribuer la mortalité, dit-il, à l'influence d'un mauvais traitement qui, probablement, ne *détruit* pas souvent la vie. Un ami prit des notes particulières sur la mortalité comparative sous trois médecins, dans un même hôpital. L'un était *éclectique*, le second pour le système *expectant*, et le troisième pour le régime *tonique*. La mortalité était la même, mais la durée de l'indisposition, le caractère de la convalescence et les chances de rechute, étaient bien différens. »

Ce n'est point ici le lieu de parler des hospices pour l'aliénation mentale, sur la mortalité desquels nous avons encore peu de données sûres; j'aurai d'ailleurs occasion d'en parler plus tard quand il s'agira du développement des facultés morales et intellectuelles de l'homme et des maladies auxquelles ces facultés sont sujettes. Je ne puis m'arrêter non plus à examiner la mortalité dans les dépôts de mendicité, ces établissemens étant peu répandus en Europe, et établis dans des formes trop différentes pour permettre des comparaisons. Je ne dois pas négliger de faire connaître néanmoins la grande mortalité qu'on a remarquée dans ceux de l'ancien royaume des Pays-Bas : elle est bien propre à mettre en évidence la condition misérable du pauvre. Dans les sept dépôts qui étaient distribués sur différens points du royaume, et pendant les années de 1811 à 1822, il mourait annuellement 1 individu sur 8,9 de la population moyenne, c'est-à-dire autant que dans les hôpitaux; tandis que pour tout le royaume le rapport s'élevait environ à 1 sur 43,8. « La mortalité dans les dépôts de mendicité est en effet d'autant plus effrayante, que la population de ces établissemens exclut de son sein les premiers âges de la vie. Il faut ne pas perdre de vue qu'une grande quantité de vieillards et d'infirmes de toute espèce peuplent ces maisons, et que l'état d'exténuation absolue auquel ils se trouvent le plus souvent réduits lorsqu'ils y arrivent, y porte déjà le germe avancé d'une dissolution prochaine, et doit sans contredit être rangé au nombre des causes auxquelles il faut attribuer ce funeste résultat. Cette dernière circonstance s'est surtout fait remarquer dans la désastreuse année 1816. Une multitude de malheureux n'entrèrent alors dans les dépôts que pour y expirer peu de jours après leur arrivée, et la plupart des autres périrent, les deux années suivantes, par des maladies de langueur. D'une autre part, il n'est pas impossible que la transition subite des privations les plus affreuses à une alimentation qui, comparativement, peut paraître surabondante, exerce ici une influence d'autant plus déplorable, qu'avec un peu plus de précaution elle pourrait être écartée. Une troisième observation qui ne doit pas être passée sous silence, c'est que pour trouver les lois de la mortalité dans les établissemens dont la population est mobile, il ne suffit pas de comparer les décès au nombre de journées d'entretien, mais qu'il faut aussi faire attention aux nombres d'individus sur lesquels ce nombre de journées doit être réparti. Plus ce dernier nombre est grand, surtout dans les asiles de la misère et des infirmités humaines, plus les chances de la mortalité semblent devoir se multiplier (1). »

---

(1) Ces observations judicieuses sont extraites des notes dont M. le baron Reverberg a enrichi mes *Recherches sur les populations, les naissances,* etc.

La mortalité qui vient d'être signalée est bien grande sans doute, mais je ne pense pas qu'elle soit jamais tombée, dans aucun dépôt de mendicité de la Belgique, plus bas qu'elle n'était, vers le commencement de ce siècle, dans les dépôts de mendicité de la France. En effet, d'après M. Villermé (1) la mortalité était à Laon, pendant une période de 13 années finissant en 1826, de 1 individu sur 4,32; à Nancy, en 1789, de 1 sur 5; et, en 1801, de 1 sur 3,22; à Auch, pendant une période de cinq années, de 1 sur moins de 3; à Metz, de 1 sur 8,13 en 1789, et sur 2,22 en 1801. Cette affreuse mortalité ne peut être comparée à rien qu'à ce qui se passait, aussi vers le commencement de ce siècle, dans une des principales prisons de la Belgique : on aura peine à le croire, il mourut dans la prison de Vilvorde,

En 1802 1 prisonnier sur 1,27 de population moyenne
1803	»	1,67	»
1804	»	1,91	»
1805	»	7,77	»
1806	»	20,31	»
1807	»	30,36	»

En 1801, le mal n'existait point encore ; c'est

(1) *Mortalité dans les prisons.* (*Annales d'Hygiène*, tome I, page 9.)

en 1802 qu'il avait sa plus grande intensité; en
1805, M. Chaban, préfet de l'ancien département de la Dyle, et M. Rouppe, inspecteur général de la prison, commencèrent des améliorations qui ne purent être complétées qu'en
1807 (1). M. Villermé, qui a pris soin d'enregistrer également cette mortalité remarquable, dans
son travail sur la *mortalité des prisons*, y ajoute
les réflexions suivantes : « Après ces derniers faits,
qu'aurai-je à dire pour montrer la puissance
de l'administration ? Je ne crois point que l'em-
prisonnement soit toujours une barbarie, mais
presque toujours la mauvaise tenue des prisons
le rend tel. Ceux qui se sont occupés du soin des
prisonniers n'ayant jamais fait de recherches du
genre de celles-ci, ce qu'ils en ont dit a souvent paru dicté par une sensibilité déclama-
toire. Mais lorsque l'on compte les hommes et
que l'on détermine la proportion annuelle de
leurs décès, tout se réduit alors à un simple
calcul dont il faut vérifier les élémens. S'il est
exact, tout le mal ou tout le bien que le chiffre
exprime est réel. »

Pour mieux comprendre jusqu'où allait le mal
dans la prison de Vilvorde et combien l'admi-

---

(2) *Tableau statistique de la maison de détention de
Vilvorde*, par M. Rouppe.

nistration devait y être défectueuse, il suffira de citer ce que la mortalité y a été depuis cette époque. Je donnerai en même temps la mortalité des deux autres grandes prisons de la Belgique (1).

ANNÉES.	DÉCÈS SUR UNE POPULATION MOYENNE		
	A VILVORDE. Maison de force.	St-BERNARD. Maison de correct.	GAND. Maison de force.
1825	29,00	18,71	31,60
1826	29,00	22,08	45,80
1827	29,62	17,81	77,53
1828	48,14	17,99	51,35
1829	29,74	15,06	101,67
1830	36,66	11,93	101,08
1831	39,78	30,51	57,90

On peut juger maintenant si l'homme abandonné à lui-même et se livrant aux excès les plus grands, peut, dans quelque état que ce soit de la société, aggraver plus sa mortalité que ne le fait, dans certaines circonstances, une administration négligente et peu éclairée : jamais les hommes dans les pestes les plus affreuses, jamais les soldats, dans les guerres les plus des-

(1) *Rapport sur l'état actuel des prisons en Belgique,* etc., par Ed. Ducpétiaux.

tructives, n'ont été exposés à une mortalité pareille à celle des prisonniers de Vilvorde pendant les premières années de ce siècle.

Le mal était loin d'être aussi grand, vers là même époque, dans la maison de force de Gand : on ne comptait en effet qu'un décès sur 20,4 prisonniers, en 1801 ; en 1789, on n'en comptait qu'un sur 25,8. D'après M. Villermé, la mortalité annuelle, dans les prisons du département de la Seine, a été, pendant les années 1815, 1816, 1817 et 1818, comme il suit :

A la grande Force...	1 sur 40,88 détenus,
Aux Madelonnettes.	38,03
A la Conciergerie ...	32.06
A la petite Force....	26,63
A Sainte-Pélagie.....	24,48
A Bicêtre.........	18,75
A Sainte-Lazare.....	17,92
Au Dépôt de mendicité établi à Saint-Denis	3,97

On voit que, dans le département de la Seine, la mortalité du Dépôt de mendicité est aussi plus grande que celle des prisons, et elle paraît aussi avoir ses germes dans la constitution souvent détériorée des pauvres, par les privations, par les misères qui ont précédé l'entrée dans la prison, et par l'impossibilité où ils se trouvent de s'y procurer quelques commodités de la vie (1).

Les prisons dans les départemens de la France sont généralement loin de présenter des résultats aussi favorables que celles du département de la Seine : la mortalité était en effet, dans les maisons centrales, et les maisons de justice et de correction :

A Montpellier, 1822............	1 sur 9,33
Riom, 1821 à 1827.............	9,87
Baulieu, près Caen, 1814 à 1825...	11,59
Melun, 1817 à 1825............	14,81
Gaillon, 1817 à 1825...........	11,86
Metz, 1801....................	18,43
Toulouse, 1822 à 1824..........	35,07 (2)
Lyon, 1820 à 1826.............	43,00 (3)
Saint-Flour, 1813 à 1826..:......	47,00
Rouen, 1815 à 1826, Maison de justice....................	51,18 (4)
» 1820 à 1825, Bicêtre......	59,07 (5)

(1) *Mortalité dans les prisons,* page 5.

(2) En 1814, année d'encombrement et de misère, il mourut 1 prisonnier sur 7,95.

(3) 1 sur 19, de 1800 à 1805 inclusivement; 1 sur 31, de 1806 à 1812; 1 sur 34, de 1813 à 1819.

(4) Les infirmeries ont été bien organisées et les soins mieux administrés. La mortalité, en 1812, 1813 et 1814, était de 1 sur 4,06!

(5) La mortalité était de 1 sur 8,46, de 1811 à 1814; de 1 sur 21,70, de 1816 à 1820; après cette époque, les condamnés à 1 an et plus de détention en ont été retirés.

On comptait, terme moyen, en 1827, 1 décès sur 22 condamnés dans les maisons centrales de détention de la France; et le rapport moyen était de 1 sur 16 pour les hommes, et de 1 sur 26 pour les femmes. M. Villermé, à qui j'emprunte les résultats qui précèdent, estime que la mortalité des bagnes était,

A Rochefort, de 1816 à 1828..	»	1 sur 11,51
Toulon	»	20,55
Brest	»	27,06
Lorient	»	39,17

On a souvent pris, pour point de mire, les prisons de la Suisse et des États-Unis; il peut être curieux alors de connaître la mortalité qui y règne (1)

Pénitentiaire de Berne, 1831.............			1 sur 25,00
»	de Lausanne, 1808 à 1825, ancien système.....		21,49
»	»	1826 à 1829, nouveau système....	12,25
»	»	1830 à 1831.....	36,00
»	de Genève, 1826 à 1831.....		49,00
Prison de Philadelphie (Pensylvanie)......			16,66
» de Newgate (New-Yorck).........			18,80
Pénitentiaire de Singsing (New-Yorck) 12 ans..			36,58
» de Wethersfield (Connecticut)..			44,40

(1) *Rapport sur l'état actuel des prisons en Belgique.*

Pénitentiaire de Baltimore (Maryland).....   48,57
    »   Auburn (New-Yorck)......   55.95
    »   Charlestown (Massachusetts).   58,40

Il est fâcheux que les renseignemens nous manquent pour la mortalité des prisons en Angleterre; il paraît seulement qu'elle y est très faible. Ce sujet mérite peut-être plus que tout autre de fixer l'attention des statisticiens, car il en est peu qui présentent des valeurs aussi susceptibles de varier et par conséquent sur lesquelles les administrations doivent être plus éclairées. Nous avons vu en effet que, selon la négligence ou le zèle des administrateurs des prisons, la mortalité dans un même établissement peut ne pas dépasser ce qu'elle est dans l'état ordinaire de la société, ou devenir plus affreuse que pendant les fléaux les plus destructeurs. La privation de la liberté et les humiliations qui se rattachent au sort des condamnés, sont des peines assez fortes pour qu'on ne les aggrave point encore par une mortalité sans exemple parmi tous les fléaux auxquels notre espèce est exposée. On peut dire avec satisfaction, que, depuis qu'on s'occupe davantage du sort des prisonniers, leur mortalité a diminué dans presque tous les établissemens sans exception; c'est un nouveau bienfait de la propagation des lumières, et j'oserais dire des soins précieux avec lesquels la statistique a mis en évidence des résultats sur lesquels on ne possédait aucunes données précises et qui par là même produisaient moins d'impression, parce qu'on se faisait facilement illusion sur la nature même du mal (1). Je ne puis mieux terminer ce chapitre qu'en citant les conclusions principales auxquelles a été conduit M. Villermé, un des savans qui ont jeté le plus de lumière sur ce sujet important (2).

1° La mortalité des prisonniers est, en général, considérablement plus forte que celle des gens libres.

2° Elle est en raison directe de la mauvaise tenue des prisons, de l'état actuel de misère, de dénûment des détenus, et des privations, des

(1) *Mortalité des prisons,* etc.

(2) Un des ouvrages les plus remarquables que l'on ait écrits sur l'amélioration des prisons et la réforme morale des détenus, est celui du docteur Julius de Berlin, *Vorlesungen über die Gefangniss-Kunde,* in-8°, Berlin, 1828. Cet ouvrage a été traduit en français. L'auteur, qui s'occupe de l'état des prisons avec un zèle tout particulier, a été appelé à Berlin par le gouvernement prussien pour y donner des leçons publiques sur l'objet de ses recherches; il y publie un recueil intitulé *Jahrbücher der straf- und Besserungs-Anstalten, Erziehungshäuser,* etc., spécialement destiné à tout ce qui concerne les crimes et les prisons. *Voyez* aussi les ouvrages de M. Lucas.

souffrances qu'ils ont supportées avant l'empri-
sonnement.

3° Si l'administration est à peu près im-
puissante contre les dernières causes, elle peut
toujours, avec de l'habileté et de la sollicitude,
prévenir les premières, ou du moins les atténuer
beaucoup.

4° Si, faisant abstraction des différences
qui résultent des localités et de la bonne ou
mauvaise administration, nous rangeons les prisonniers dans l'ordre suivant lequel s'accroît
leur mortalité, ils seront placés comme il suit :

Prévenus et accusés ;

Condamnés ;

Détenus dans les dépôts de mendicité.

5° Pour apprécier les effets de la salubrité, de
l'insalubrité, de la bonne ou de la mauvaise tenue
de chaque prison, et les chances différentes de
vie des différentes classes de prisonniers, le
meilleur moyen serait de déterminer la proportion annuelle des décès, non en rapportant ceux-
ci au nombre total des détenus, mais à leur
population moyenne annuelle.

6° L'ignorance du sort des prisonniers, de
leurs besoins, surtout des besoins et du sort
des plus pauvres d'entre eux, est la cause première à laquelle il faut attribuer l'excessive mortalité dont il a été cité des exemples.

CHAPITRE VII.

I. *De la population et de ses accroissemens.*

Je me suis occupé jusqu'à présent des principaux faits qui se rapportent à la naissance, à la vie, à la reproduction et à la mortalité de l'homme, mais sans rechercher sa manière d'être dans le corps social. Cette recherche est cependant le but philosophique vers lequel doivent tendre tous nos efforts; on ne saurait se dissimuler les grandes difficultés qu'elle présente encore, bien qu'elle ait exercé la sagacité de plusieurs écrivains du plus haut mérite; aussi ce n'est qu'avec défiance que je présenterai des aperçus nouveaux, que je crois néanmoins susceptibles de recevoir des applications utiles.

Les populations naissent inaperçues; ce n'est que quand elles ont pris un certain développement que l'on commence à s'occuper de leur existence. Cet accroissement est plus ou moins rapide, et provient, soit d'un excès des naissances sur les décès, soit des immigrations. Il annonce en général un état de bien-être et des moyens d'existence supérieurs aux besoins de la population actuelle. Si l'on approche de cette limite ou si on la dépasse, bientôt l'état de croissance s'arrête ou fait place à un état contraire. Il est donc intéressant de rechercher combien les différens pays ont de population, quels sont les moyens de subsistance et les degrés d'accroissement de ces populations, et d'assigner la limite qu'ils peuvent atteindre sans danger. Il se présente ensuite la question de savoir comment les populations se composent, si leurs élémens constitutifs sont avantageusement distribués, et contribuent d'une manière plus ou moins efficace au bien-être de l'ensemble. Mais il conviendra d'abord de prendre les choses de plus haut et d'établir sommairement et d'une manière claire, les idées émises sur la population par les économistes les plus distingués.

Il paraît incontestable que la population croîtrait selon une progression géométrique, s'il ne se présentait aucun obstacle à son développement.

Les moyens de subsistance ne se développent point aussi rapidement, et, selon Malthus, dans les circonstances les plus favorables à l'industrie, ils ne peuvent jamais augmenter plus

vite que selon une progression arithmétique (1).

(1) *Essai sur le principe de la population*, tome I,
page 15, traduction de MM. Prévost, Genève, 1830. Cette
loi des accroissemens des subsistances peut paraître très
douteuse, et les idées des économistes sont assez diver-
gentes à ce sujet. M. Senior pense qu'il y a, pour les subsistances, une tendance à croître plus grande que pour la
population. (Voyez *Two lectures on population*, p. 49.
On peut voir aussi à ce sujet la correspondance entre ce
savant et M. Malthus.) M. Mac Culloch, dans les notes de
l'ouvrage *Sur la richesse des nations*, vol. IV, page 133,
pense au contraire que la progression établie par M. Malthus est trop élevée pour les contrées où les meilleures
terres sont déjà cultivées. Tant que les choses n'en seront
pas venues au point où toutes les parties du globe seront
livrées à la culture, il serait difficile d'établir expérimen-
talement quelque chose de positif à cet égard, car si
une population consomme tous les produits de la
terre qu'elle habite, elle peut, par l'échange de ses autres
produits, suppléer à ce qui lui manquerait, dans le cas
où elle recevrait de nouveaux accroissemens : ainsi, la
multiplicité des machines, en secondant les travaux de
l'homme, en Angleterre, a permis aux moyens de subsistance de prendre, depuis le commencement de ce siècle,
un accroissement qui me semble beaucoup plus rapide
que celui de la progression arithmétique. On ne pourrait
cesser de regarder les produits industriels à l'égal des
produits de l'agriculture, que quand les échanges seraient
devenus impossibles par un développement trop grand
de la population sur les différens points du globe.

Le grand obstacle à la population est donc le manque de nourriture, provenant de la différence des rapports que suivent ces deux quantités dans leurs accroissemens respectifs.

Quand une population, dans son développement, est parvenue au niveau de ses moyens de subsistance, elle doit s'arrêter à cette limite par la prévoyance des hommes; ou si elle a le malheur de la franchir, elle s'y trouve forcément ramenée par un excès de mortalité.

Les obstacles à la population peuvent donc être rangés sous deux chefs. Les uns agissent en prévenant l'accroissement de la population, et les autres en la détruisant à mesure qu'elle se forme. La somme des premiers compose ce que l'on peut appeler *l'obstacle privatif*, celle des seconds *l'obstacle destructif* (1).

M. Malthus a analysé avec sagacité les principaux obstacles que la population a rencontrés à ses accroissemens; il n'a pas déterminé avec moins de bonheur la limite qu'elle ne saurait dépasser sans s'exposer aux plus grands préjudices. Il faut l'avouer cependant, malgré les re-

---

(1) Malthus, *Essai*, etc., page 20, tome I. Dans la manière de voir que j'ai adoptée, l'obstacle destructif appartient généralement aux forces naturelles, et l'obstacle privatif aux forces *perturbatrices* de l'homme.

cherches du savant anglais et des économistes qui ont marché sur ses traces, le mode d'action des obstacles n'a point été nettement établi. On n'a point déterminé la loi en vertu de laquelle ils agissent: en un mot, on n'a pas donné les moyens de transporter la théorie de la population dans le domaine des sciences mathématiques, auquel elle semble spécialement devoir appartenir (1). Il est résulté de là que la discussion sur ce point délicat n'a pu être complétée jusqu'à présent, et qu'on s'est peut-être exagéré les dangers que courait la société, en ne trouvant pas assez de garanties dans l'action des obstacles contre un mal dont la vitesse effrayante suivait la progression géométrique.

Pour chercher à remplir une lacune aussi importante, je me suis livré à des recherches nombreuses dont il serait superflu de présenter ici

(1) Qu'il me soit permis de rappeler à cet égard les idées que j'exprimais en 1827, à l'ouverture d'un cours public d'histoire des sciences. « Il est à remarquer, disais-je, que plus les sciences physiques ont fait de progrès, plus elles ont tendu à rentrer dans le domaine des mathématiques, qui est une espèce de centre vers lequel elles viennent converger. On pourrait même juger du degré de perfection auquel une science est parvenue, par la facilité plus ou moins grande avec laquelle elle se laisse aborder par le calcul. »

les détails; et un examen attentif de l'état de la question m'a prouvé que la théorie de la population peut se réduire aux deux principes suivans, que je regarde comme devant servir désormais de principes fondamentaux à l'analyse du développement de la population et des causes qui l'influencent.

La population tend à croître selon une progression géométrique.

La résistance, ou *la somme des obstacles à son développement, est, toutes choses égales d'ailleurs, comme le carré de la vitesse avec laquelle la population tend à croître.*

Les obstacles à la vitesse d'accroissement d'une population, agissent donc réellement comme la résistance qu'opposent les milieux au mouvement des corps qui les traversent. Cette extension d'une loi de la physique, qui se confirme de la manière la plus heureuse quand on l'applique aux documens que fournit la société, offre un exemple nouveau des analogies qu'on trouve, dans bien des cas, entre les lois qui règlent les phénomènes matériels et ceux qui sont relatifs à l'homme. De sorte que, des deux principes que je prends pour bases de la théorie mathématique de la population, l'un est généralement admis par tous les économistes, et il ne semble guère susceptible d'être contesté, et l'autre a été vérifié dans toutes les applications où l'on avait à considérer le mouvement et des obstacles agissant d'une manière continue.

Cependant, malgré les préventions qu'on pourrait avoir en leur faveur, il faudrait incontestablement les rejeter, si, en les soumettant à l'analyse, ils ne pouvaient supporter cette épreuve poussée jusque dans ses moindres détails.

J'ai donc cru devoir examiner, avant tout, les conséquences auxquelles la théorie devait conduire, et j'ai eu la satisfaction de les trouver entièrement conformes aux résultats de l'expérience. Ainsi, quand une population peut se développer librement et sans obstacles, elle croît selon une *progression géométrique;* si le développement a lieu au milieu d'obstacles de toute espèce qui tendent à l'arrêter, et qui agissent d'une manière uniforme, c'est-à-dire *si l'état social ne change point,* la population n'augmente pas d'une manière indéfinie, mais elle tend de plus en plus à devenir *stationnaire.* Il en résulte donc que la population trouve, dans sa tendance même à croître, les causes qui doivent prévenir les funestes catastrophes qu'on pourrait craindre par un trop-plein, si je puis m'exprimer ainsi, amené d'une manière brusque, et devant lequel toute la prudence humaine viendrait échouer. L'expérience même de notre vieille Europe prouve très bien que les populations arrivent à leur état d'équilibre, ou croissent ou rétrogradent en suivant généralement une loi de continuité. La limite qu'elles ne peuvent dépasser, est variable de sa nature, et se trouve réglée par la quantité des subsistances ; jamais les populations ne peuvent se développer avec une rapidité assez grande pour venir brusquement se heurter contre cette limite ; les obstacles qui naissent dans son voisinage sont trop nombreux pour ne pas rendre généralement impossible un choc violent. La nature n'en prélève pas moins le tribut de décès qui lui revient, mais comme nous payons ce tribut en détail, il nous est moins sensible que s'il nous fallait l'acquitter subitement.

C'est ainsi que la plupart de nos populations sont parvenues progressivement à se mettre au niveau des subsistances, en conservant toujours une tendance à se développer, et à produire, par suite, un excès de mortalité, à peu près comme le nuage suspendu dans les airs conserve toujours une tendance à descendre et à déverser le trop-plein qu'il recèle. Au milieu des causes sans nombre qui peuvent troubler cet état d'équilibre, la population avance ou rétrograde à peu près comme on voit le nuage monter ou descendre selon la température, la direction des vents et une foule d'autres circonstances atmosphériques.

Ce qui n'empêche pas cependant qu'il n'en revienne toujours à une certaine hauteur moyenne, dépendante de sa constitution et de l'obstacle qu'il éprouve à sa chute par la résistance de l'air.

Quand le système social subit des changemens, les obstacles conservent toujours le même mode d'action; mais leur intensité peut varier d'une infinité de manières; de sorte que le développement de la population peut se modifier également à l'infini. Si l'on possédait des dénombremens exacts pour différentes époques, l'analyse ferait connaître l'intensité des causes qui ont pu hâter ou comprimer le développement de la population et les circonstances dans lesquelles elles ont pris naissance. En supposant, par exemple, qu'une population connue croisse continuellement selon une progression arithmétique, dont la différence constante est également connue, on pourra déterminer, au moyen des deux lois énoncées plus haut, quelle énergie les obstacles ont successivement opposée au développement de la population, en d'autres termes, la loi suivant laquelle ces obstacles ont dû se manifester. En général, il suffira de connaître la loi selon laquelle une population se développe pour en déduire, du moins approximativement, la loi selon laquelle ont dû se développer les obstacles; et réciproquement. Mais ces sortes de pro-

blèmes appartiennent exclusivement à l'analyse ;
je ne puis que les indiquer ici, en me réservant
d'y revenir dans un travail spécial.

J'ai dit que, l'état d'équilibre une fois atteint,
les populations seraient devenues stationnaires,
ou du moins auraient oscillé autour d'un état
fixe, par suite de variations correspondantes ap-
portées dans le climat et la quantité de nourriture ; mais comme il est de l'essence de l'homme
de pouvoir augmenter par une activité plus ou
moins grande de travail et d'intelligence, la
quantité de ses produits, les populations ont dû
trouver les moyens de se développer ; de manière
que si toutes les circonstances physiques étaient
les mêmes dans les différens pays de l'Europe, il
n'y aurait certainement pas de meilleure mesure
de la production et de l'industrie que la densité
de la population qui s'y trouve. La population
spécifique est en effet le résultat de tous les élémens influens d'un pays, et elle doit se trouver
portée à une limite qui est en rapport avec toutes
les facilités que pouvait présenter le pays pour
son développement pendant les périodes antérieures.

En adoptant cette mesure de la force productive, dans une première approximation, il peut
être intéressant de connaître la population spécifique de chaque pays, c'est-à-dire le nombre

d'habitans par lieue carrée; j'adopterai à cet effet les nombres donnés par M. Balbi, dans le *Précis de la Géographie universelle* de Maltebrun, liv. 116. J'ai cru devoir omettre les petits états ayant moins d'un million d'âmes.

	Habitans par lieue carrée de 25 au d.
Pays-Bas........................	1829
Royaume Lombardo-Vénitien	1711
Wurtemberg	1502
Angleterre propre................	1457
Royaume de Saxe................	1252
États de Sardaigne	1122
France.........................	1062
États de l'Église................	1043
Bavière	968
Monarchie prussienne............	792
Suisse	783
Hongrie........................	759
Royaume de Naples et Sicile........	747
Espagne........................	641
Danemarck.....................	616
Portugal	446
Turquie........................	324
Russie.........................	161
Suède et Norwège...............	82

Les Pays-Bas, la Lombardie, le Wurtemberg et l'Angleterre sont donc les pays qui nourrissent actuellement les populations les plus denses de l'Europe, et celles par conséquent qui, toutes choses égales, doivent produire le plus pour les soutenir convenablement. Le Portugal, la Turquie, la Russie, la Suède et le Danemarck

ont au contraire les populations les moins denses.
Or, comme les populations qui couvrent ces pays,
ont pu croître depuis plusieurs siècles avec toutes
les facilités que comportaient les localités et les
institutions, il est à présumer que si elles ne
sont pas les mêmes dans les différentes parties
de l'Europe, il s'est trouvé des obstacles à leur
propagation, soit parce que les terres n'y étaient
pas également fertiles, soit parce qu'il y était
difficile de donner du développement au commerce et à l'industrie des hommes, soit parce
qu'on n'y trouvait pas assez de garanties dans
les institutions sociales, soit enfin par des causes
morales et par d'autres motifs dont j'ai examiné
les influences sur les nombres des naissances et
des décès.

Il est du reste une distinction importante à
établir, et qui, faute d'avoir été observée, a souvent jeté une confusion étrange dans toutes les
questions relatives à la population : c'est qu'il
est nécessaire de connaître non-seulement de
combien d'individus une population se compose,
mais encore de quelle manière chaque individu
parvient à pourvoir à ses moyens d'existence. Il
se trouve une infinité de nuances entre les peuples : les uns ont l'esprit plus cultivé, plus d'industrie et des besoins plus grands; un individu
consomme à lui seul ce qui, ailleurs, pourrait en

faire vivre trois ou même davantage; mais ces trois hommes végéteront tristement et grossiront une population misérable comme eux. Il serait donc inexact de dire que, parce que la dernière nation a une population trois fois aussi dense que la première, elle produit trois fois autant. Pour que les chiffres du tableau précédent pussent devenir comparables, il faudrait les multiplier individuellement par un coefficient constant, dépendant de ce qui est nécessaire à un individu de chaque nation pour subvenir à ses besoins.

On aurait tort aussi de juger, parce qu'une nation a une population stationnaire, qu'elle ne fait aucun progrès. L'état de son industrie et de ses lumières peut s'améliorer d'une manière très sensible, sans qu'on en trouve de traces dans le chiffre de la population. Cet accroissement de bien-être, toutes choses égales d'ailleurs, a sa mesure dans la quantité de choses que consomme un individu, et dans une répartition équitable des objets qui doivent être consommés. Ce coefficient constant est destiné à jouer un grand rôle dans la théorie de la population : c'est lui qui règle la limite vers laquelle la population tend dans ses accroissemens successifs, à peu près comme la limite à laquelle un corps demeure en équilibre dans un milieu, se trouve réglée par sa densité. En général, quand une population est stationnaire, selon que la consommation de l'habitant augmente ou diminue, on peut dire que la nation s'enrichit ou s'appauvrit.

De ce qu'une population est croissante, il ne faut pas conclure non plus que sa prospérité augmente. Il est nécessaire de consulter d'abord le coefficient constant qui est la mesure du degré d'aisance de l'habitant, comme, en y ayant égard, la population spécifique est la mesure du degré d'aisance du pays. Quand on veut établir des comparaisons entre les peuples, il est de la plus grande importance de consulter la qualité, si je puis m'exprimer ainsi, autant que la quantité.

En général les statisticiens continuent à employer l'accroissement annuel de la population pour calculer en combien de temps une population doit se doubler, quoique l'expérience vienne presque constamment démentir le résultat de leurs calculs. Cette recherche, qui nous remet dans l'hypothèse qu'il n'existe point d'obstacle au développement de la population, ne saurait guère présenter d'applications directes dans notre vieille Europe, pas plus que si l'on s'attendait à voir s'accorder avec les résultats de l'expérience ceux que donne la théorie pour la chute des corps dans le vide. Ces sortes de calculs, la plupart du temps, ne sont propres qu'à satisfaire la curiosité, puisqu'ils se font dans une hypothèse qui ne peut se réaliser, à moins de s'en servir dans des limites suffisamment resserrées.

Si un pays, en vertu de la civilisation croissante, prend une impulsion nouvelle, et recule, par l'augmentation de ses produits, la limite que sa population peut atteindre, ce sera, dans les circonstances les plus favorables, par une progression géométrique qu'il tendra d'abord à y parvenir; mais bientôt cette vitesse d'accroissement se ralentira par l'effet des obstacles, et finira par s'éteindre. Il en est de même pour une population décroissante, mais le mouvement a lieu en sens opposé. L'analyse donne des formules qui expriment très bien ces différens états.

Les pays les plus heureusement partagés ne nous présentent guère le phénomène d'une population croissante selon une progression géométrique. L'Angleterre cependant nous en donne un exemple frappant, et qui mérite au plus haut degré de fixer l'attention. Après avoir été stationnaire et même rétrograde au commencement du dernier siècle, sa population se mit à croître successivement, en subissant différentes oscillations jusque vers le milieu du siècle où, recevant une seconde impulsion, elle commença à suivre une progression arithmétique. Une impulsion nouvelle plus énergique lui fut imprimée au commencement de ce siècle, et depuis elle n'a cessé de croître en progression géométrique; de sorte qu'elle a passé par des états contraires à ceux par lesquels passe une population qui tend vers une limite et où les obstacles vont croissant. Ici les obstacles ont été en diminuant, par suite de l'immense progrès de son industrie et de l'introduction de cette quantité incroyable de machines dont les produits représentent une population que l'Angleterre est loin de posséder.

ANNÉES.	POPULATION (1).	AUGMENTATION annuelle.	ACCROIS. ANN. pour cent.	PÉRIODE de doublem.
1700	5134516	— 68179	— 0,13	—500 ans.
1710	5066337	+279014	+ 0,54	+129
1720	5345351	342642	0,62	112
1730	5687993	141712	0,25	278
1740	5829705	209979	0,35	197
1750	6039684	440046	0,70	100
1760	6479730	747856	1,00	63
1770	7227586	587241	0,78	89
1780	7814827	725911	0,89	77
1790	8540738	646438	0,73	96
1800	9187176	1220380	1,25	56
1810	10407556	1550005	1,39	49
1820	11957565	1883186	1,46	48
1830	13840751			

(1) La valeur de la population est indiquée d'après M. Rickman, *Preface to the abstract*, etc, 1831; p. 45. M. Rickman, à la page 24, donne pour l'accroissement annuel des périodes 1801-1811-1821-1831, les valeurs

Le même rapport d'accroissement ne s'est pas soutenu deux fois de suite pendant les périodes décennales qu'offre ce tableau, excepté dans ces derniers temps, où la progression géométrique a été bien marquée, et où la valeur était de 1,38. De 1760 à 1800 c'est la progression arithmétique qui a été observée, et la différence constante avait une valeur annuelle de 67686,1. En me servant de ces nombres, j'ai calculé les valeurs successives de la population, en mettant à côté de mes résultats la valeur observée.

| PÉRIODES. | POPULATION | | DIFFÉRENCE. |
	Observée.	Calculée.	
1760	6479730	6479730	0
1770	7227586	7156591	− 70995
1780	7814827	7833453	+ 18636
1790	8540738	8510314	− 30424
1800	9187176	9187176	0
1810	10407556	10531900	+ 124344
1820	11957565	12073400	+ 115835
1830	13840751	13840751	0

1.41, 1.57 et 1.54; la différence avec mes résultats peut provenir de la méthode employée dans le calcul. J'ai cru devoir comparer l'augmentation annuelle non pas à la population de la première année de chaque période, mais à celle d'une année moyenne de cette période.

Les différences des résultats calculés et observés ne sortent pas des limites des fluctuations
que comportent les résultats des années diverses ;
la plus grande différence sur une période de dix
années ne s'élève pas à 125000 habitans : c'est
un écart moindre que $\frac{1}{80}$ de la population.

Nous allons trouver un second exemple très
instructif et bien moins compliqué dans ce qui
s'est passé aux États-Unis d'Amérique, pays neuf,
qui surgit tout à coup à la liberté, fier de l'industrie de ses habitans et de la fertilité de son
sol. Aussitôt la population s'y développe avec
une rapidité étonnante et inconnue dans notre
vieille Europe ; les immigrations viennent ajouter
encore aux excédans des naissances sur les décès.
Mais bientôt ces accroissemens rapides rencon-
trent des obstacles qui se multiplient, et la vitesse d'accroissement, d'accélérée qu'elle était,
devient uniforme : c'est la progression arithmétique que l'on observe et non la progression
géométrique. Tels sont les faits que nous présente la population des États-Unis, que l'on a si
souvent citée comme exemple, et que l'on n'a
peut-être pas observée d'assez près. Je cite textuellement les nombres, d'après M. le professeur
Rau (1) ; ils sont d'ailleurs conformes à ceux

---

(1) *Bulletin de M. de Férussac*, février 1831. *Voyez*

qui ont été donnés par les autres statisticiens.

Années.	Habitans.	Accroissement annuel.
1780	2051000	6,2 pour 100
1790	3929326	3,0
1800	5306035	3,1
1810	7239703	2,87
1820	9654415	1,9
1825	10438000	1,9

Je ferai remarquer d'abord que la population a pris, d'année en année, des augmentations à peu près régulières, de sorte que ses valeurs successives ont formé une progression arithmétique croissante, dont la différence d'une année à l'autre peut être considérée comme ayant eu pour valeur 190,822 (1). En partant de cette hypothèse, on aurait

aussi les nombres donnés par M. Warden dans les *Bulletins de la Société philomatique,* 1832.

(1) En représentant cette différence par d, en désignant par P la population en 1780 et par x le nombre d'années qui ont suivi, on a pour la population de cette $x^{ième}$ année $P_x = P + dx$; c'est d'après cette formule que les nombres de la table qui suit ont été calculés. Il en résulte aussi que l'accroissement a relatif à la population, avait pour valeur générale, ou pour une période de n années après la $x^{ième}$,

$$a = \frac{2d}{P_x + P_{x+n}}.$$

C'est d'après cette formule que les accroissemens successifs de la population ont été calculés. Si l'on représen-

Années.	Habitans.	Accroissement annuel.
1780	2051000	6,3 pour 100.
1790	3959220	3,7
1800	5867440	2,8
1810	7775660	2,2
1820	9683880	1,9
1825	10637990	

Ainsi, quoique dans le fait la population ait reçu des accroissemens considérables, les choses se passent encore comme en 1780; il y a tout autant de place et de subsistances pour les nouveaux survenans, puisque, chaque année, 190822 individus environ viennent occuper les vides qui sont à remplir. Ces accroissemens sont moins sensibles quand on les calcule, comme on le fait ordinairement, en les rapportant à la population. La population est en effet moins féconde, parce que le soin de remplir les places qui restent vacantes se trouve réparti entre un plus grand nombre de personnes (1).

Dans la plupart des pays de l'Europe la popu-

---

tait par des lignes comment la population a été croissante relativement aux années, et comment les accroissemens ont eu lieu relativement à la population, on aurait d'une part une ligne droite, et de l'autre une hyperbole. L'asymptote marque la limite vers laquelle tendent les accroissemens.

(1) La théorie prouverait du reste que, dans les premiers temps, la population a dû être moins forte que ne l'indique le tableau, car dès la fin du dernier siècle, elle aurait été plus nombreuse. Je tiens en effet de la

lation est croissante, et c'est d'après la valeur de l'accroissement annuel que les statisticiens ont établi leurs calculs pour déterminer l'époque à laquelle chacune des populations se trouvera doublée.

Je vais citer les résultats de deux hommes dont les noms sont estimés dans les sciences.

PAYS.	D'APRÈS LE PROF. RAU(1).		D'APRÈS M. CH. DUPIN(2)	
	Accroissem. annuel.	Période de doublem.	Accroisse- ment.	Période de doublem.
Irlande.......	2,45	28,6 ans		
Hongrie.	2,4	20,2		
Espagne.......	1,66	41,9		
Angleterre. ...	1,65	42,3	1,67	42,0
Prusse.			2,70	26,0
Prusse rhénane.	1,33	52,33		
Autriche......	1,3	53,6	1,01	69,0
Bavière.......	1,08	64,6		
Pays–Bas	0,94	74,8	1,24	56,5
Roy. de Naples.	0,83	83,5	1,11	63,0
France........	0,63	110,3	0,65	105,0
Suède.	0,58	118,0		
Roy. de Lomb.	0,45	152,8		
Russie........			1,05	66,0

bouche de M. Warden, que les États–Unis, par des motifs politiques et pour se donner plus d'importance, ont exagéré pendant la guerre, la grandeur de la population, surtout dans l'intérieur du pays, où les étrangers pouvaient moins exercer de contrôle.

(1) *Bulletin de M. de Férussac*, février 1831.

(2) *Forces productives*, fin du Ier livre.

Si le doublement de la population se faisait effectivement comme l'indique ce tableau, il y aurait certainement à craindre de grandes catastrophes provenant de ce que les moyens de subsistance n'auraient pu suivre un développement si rapide; mais nous avons vu déjà que ce n'est que dans des cas très rares qu'un accroissement continu et aussi rapide peut avoir lieu. Si de pareilles catastrophes pouvaient arriver, déjà depuis long-temps on en aurait observé en Europe. La mortalité pourra sans doute augmenter accidentellement par des disettes, des pestes ou d'autres fléaux; mais ces malheurs, dont la civilisation tend du reste à diminuer l'influence, peuvent arriver même dans les pays qui n'ont point encore atteint leur limite.

Le calcul de l'accroissement annuel de la population n'est pas seulement trompeur dans l'estimation du doublement des populations, mais il est encore soumis à de grandes chances d'erreur. Il sera presque toujours impossible de s'entendre dans ces matières, si l'on ne cite point les années et les nombres d'après lesquels les accroissemens sont déterminés. Beaucoup d'auteurs n'estiment l'accroissement de population que d'après une ou deux années d'observation, et s'exposent ainsi aux erreurs les plus graves. C'est mêler aux influences que l'on veut déterminer celles qui résultent d'une infinité de causes accidentelles qui peuvent parfois faire méconnaître entièrement les premières. Il me semble que pour statuer avec quelque probabilité sur l'état d'un pays, il faudrait au moins les résultats de dix années d'observation, c'est-à-dire des périodes pendant lesquelles les institutions sont restées les mêmes et où l'on n'a point remarqué d'événemens particuliers. On pourrait espérer ainsi d'éliminer les influences des causes accidentelles, et ne conserver en définitive que ce qui est le résultat de la nature du pays, de ses institutions et de l'industrie des habitans. Il faut surtout éviter de prendre ses nombres dans des années de crise ou dans les années qui les suivent. Aujourd'hui que l'Europe respire après des guerres longues et sanglantes, après une stagnation plus ou moins grande du commerce, et sous l'influence d'institutions plus libérales, il est tout simple que la production en devienne plus abondante et que la population augmente; mais est-ce une raison de croire que cet accroissement restera le même? Ce serait, il me semble, une grande erreur, et je ne crains pas d'en appeler à l'expérience.

Il est assez remarquable même qu'une population sera plus nombreuse si elle a été constamment stationnaire pendant un certain nombre d'années, que si, pendant la même période, elle a été alternativement croissante et décroissante, quand même le rapport de l'accroissement aurait été égal à celui du décroissement, en sorte que l'effet d'une année ne compense pas celui de l'autre. Cela semble, au premier abord, un paradoxe; on peut néanmoins s'assurer de son exactitude. J'ai démontré également par l'analyse algébrique la proposition suivante. Si l'on cherche ce que devient un nombre donné d'individus après $m + n$ années (m indiquant les années pendant lesquelles la population a été stationnaire, et n celles pendant lesquelles la population a reçu un accroissement ou un décroissement déterminé), on trouve que le nombre des survivans est le même, de quelque manière que les $m + n$ années se soient succédé. Ainsi, qu'une population soit régulièrement croissante pendant dix années, puis stationnaire pendant vingt autres, ou que ces deux périodes se succèdent dans un ordre inverse, ou que les mêmes années de ces périodes s'entremêlent, un nombre donné d'individus qui naîtraient actuellement présenteraient le même nombre de survivans quand les trente années seraient révolues (1).

___

(1) *Recherches statistiques sur le royaume des Pays-Bas*, page 61 et suivantes.

II. *Des tables de population.*

Les populations présentent des différences assez grandes dans la manière dont les individus qui les composent se groupent, soit par ménages, soit par maisons; cependant, en ne considérant qu'un même pays, ces différences sont moins sensibles. Dans les campagnes de la Belgique, par exemple, on compte à peu près cinq individus par ménage, et ce nombre est un peu moindre dans les villes. On compte aussi, à peu près exactement, dans chaque province et dans les campagnes, 106 ménages par 100 maisons, tandis qu'on en trouve de 125 à 174 dans les villes.

On observe aussi que dans les campagnes de la Belgique les individus des deux sexes sont à peu près en nombre égal. Il n'en est pas de même dans les villes : le nombre des hommes y est partout moindre que celui des femmes. Cette différence peut tenir à la mortalité plus grande des hommes, ainsi qu'à l'emploi plus fréquent que l'on y fait de domestiques femelles. Dans les campagnes, au contraire, ce sont les domestiques mâles qui sont le plus recherchés pour les travaux de la terre.

Si l'on partage la population des deux sexes en trois catégories, savoir : les célibataires, les mariés et les veufs, on aura, en conservant les distinctions des villes et des campagnes :

Dans les villes.	SUR 1000 HOMMES.			SUR 1000 FEMMES.		
	célibat.	mariés.	veufs.	célibat.	mariées.	veuves.
Flandre orientale.	652	311	37	643	281	76
» occident.	646	317	37	638	278	84
Brabant.	629	332	39	625	284	91
Hainaut.	642	316	42	604	307	89
Liége.	635	323	42	624	293	83
Anvers.	655	312	33	646	276	78
Namur.	663	297	40	622	291	87
Dans les commun.						
Flandre orientale.	687	276	36	661	272	67
» occident.	671	293	36	645	288	67
Brabant	652	313	35	623	311	66
Hainaut.	647	317	36	611	318	71
Liége.	646	312	42	618	305	77
Anvers.	672	289	39	639	289	72
Namur.	634	331	35	596	332	72

D'où l'on voit que :

1° En général, les deux tiers de la population se composent de célibataires; l'autre tiers est composé des individus mariés ou veufs;

2° En prenant 1000 individus de chaque sexe, les célibataires masculins sont proportionnellement un peu plus nombreux que les célibataires de l'autre sexe; il en est de même des hommes mariés;

3° Les célibataires sont encore plus nombreux dans les campagnes que dans les villes ; de sorte que c'est dans les campagnes et parmi les hommes que, sur 1000 individus, on trouve le plus de célibataires ;

4° Le nombre des femmes veuves est presque double de celui des hommes veufs.

Ce dernier résultat, qui est très remarquable, deviendra plus frappant en comparant directement le nombre des veufs à celui des veuves.

PAYS.	VEUFS POUR 100 VEUVES.	
	Villes.	Communes rurales.
Flandre orientale.	44	53
» occidentale.	39	53
Anvers.	38	55
Brabant.	37	53
Hainaut.	46	50
Namur.	45	47
Liége.	46	52

Ainsi le nombre des veufs, comparativement à celui des veuves, est incontestablement beaucoup moindre dans les villes que dans les campagnes, et surtout dans les provinces du Brabant, d'Anvers et de la Flandre occidentale.

Cette circonstance tient peut-être à ce que les hommes se marient dans les villes plus tard que dans les campagnes. On remarquera en effet que les trois provinces qui viennent d'être signalées sont justement celles qui, toutes choses égales, ont la plus forte partie de leur population renfermée dans l'enceinte des villes. Les hommes ont aussi plus de facilité que les femmes pour sortir de l'état de veuvage.

Quant à la distribution de la population par âges, elle a depuis long-temps fixé l'attention des statisticiens plus qu'aucun autre élément. Les tables de population sont de deux espèces : les unes s'obtiennent directement par le recensement, les autres se déduisent des tables de mortalité. Quand on peut compter sur l'exactitude du recensement, les premières sont toujours préférables aux secondes, et représentent plus fidèlement l'état actuel de la population.

La table que je présente ici est le résultat d'un grand recensement qui eut lieu en Belgique vers la fin de 1829 : elle a été calculée sur les documens originaux, et je crois pouvoir garantir son exactitude. On pourra voir dans les *Recherches sur la reproduction et la mortalité,* tous les renseignemens qui s'y rapportent.

TABLE DE POPULATION

ON A PRIS POUR BASE 1,000,000 D'AMES QUI SE

AGE.	HOMMES.			
	CÉLIBATAIRES.	MARIÉS.	VEUFS.	TOTAL.
0 ans	317202	146164	17949	481315
1	303058	146164	17949	467171
2	288997	146164	17949	453110
3	276369	146164	17949	440482
4	263815	146164	17949	427928
5	251389	146164	17949	415502
6	239166	146164	17949	403279
8	216910	146164	17949	381023
10	195861	146164	17949	359974
12	176439	146164	17949	340552
14	158023	146164	17949	322136
16	137837	146164	17949	301950
20	104088	146072	17945	268105
25	66240	142847	17892	226979
30	39818	129077	17637	186532
35	25465	108696	17139	151300
40	18187	89973	16488	124648
45	13736	71939	15571	101246
50	10311	54700	14460	79471
53	8404	44050	13402	65856
58	6962	35231	12296	54489
59	5694	27787	11164	44645
62	4430	20764	9693	34887
65	3434	15120	8242	26796

POUR LA BELGIQUE.

DIVISENT D'APRÈS LES INDICATIONS DE LA TABLE.

AGE.	FEMMES.			
	CÉLIBATAIRES.	MARIÉES.	VEUVES.	TOTAL.
0 ans	335930	146053	36702	518685
1	322212	146053	36702	504967
2	308595	146053	36702	491350
3	296379	146053	36702	479134
4	284204	146053	36702	466959
5	272087	146053	36702	454842
6	260449	146053	36702	443204
8	238863	146053	36702	421618
10	218646	146053	36702	401401
12	199828	146053	36702	382583
14	181683	146053	36702	364438
16	162364	146049	36702	345115
20	128083	145654	36694	310431
25	89884	139767	36600	266251
30	63823	123892	26219	223934
35	47243	102762	35421	185426
40	36216	81499	34024	151739
45	28249	61419	31916	121584
50	21857	44218	29167	95242
53	18089	34223	26709	79021
56	15095	26417	24385	65897
59	12535	20090	21719	54344
62	9948	14672	18608	43228
65	7799	10301	15683	33783

TABLE DE POPULATION

ON A PRIS POUR BASE 1,000,000 D'AMES QUI SE

AGE.	HOMMES.			
	CÉLIBATAIRES.	MARIÉS.	VEUFS.	TOTAL.
67 ans.	2817	11599	7112	21528
69	2317	9020	6113	17450
71	1772	6540	5100	13412
73	1391	4976	4286	10653
75	1027	3575	3389	7991
77	710	2369	2538	5618
79	482	1517	1845	3844
81	305	831	1191	2327
83	198	516	804	1518
85	123	302	510	935
87	76	161	300	537
89	39	86	172	291
90	26	48	123	197
91	17	32	79	128
92	14	26	57	97
93	11	19	41	71
94	7	15	31	53
95	5	11	22	38
96	4	8	16	28
97	1	5	10	16
98	1	4	6	11
99	0	1	5	6
100 et	0	0	3	3
au-dess				

POUR LA BELGIQUE.

DIVISENT D'APRÈS LES INDICATIONS DE LA TABLE.

AGE.	FEMMES.			
	CÉLIBATAIRES.	MARIÉES.	VEUVES.	TOTAL.
67 ans.	6049	7685	13416	27150
69	4940	5732	11387	22059
71	3773	4054	9175	17002
73	2994	2963	7571	13528
75	2254	2030	5930	10214
77	1589	1300	4369	7258
79	1085	814	3102	5001
81	680	451	1968	3099
83	454	259	1350	2063
85	276	144	864	1284
87	154	78	502	734
89	88	41	299	428
90	60	27	216	303
91	39	17	143	199
92	29	14	109	152
93	18	13	76	107
94	12	10	54	76
95	10	6	38	54
96	6	5	24	35
97	3	3	18	24
98	2	2	10	14
99	1	1	5	7
100 et au-des.	1	1	2	4

Sans m'arrêter, pour le moment, à mettre en évidence quelques résultats qu'on peut déduire de cette table, je vais rechercher jusqu'à quel point deux tables de population obtenues par la voie du recensement et par les chiffres des décès peuvent s'accorder entre elles (1).

Quand une population est stationnaire, c'est-à-dire quand on compte annuellement autant de décès que de naissances, les tables de mortalité sont considérées comme de vraies tables de population. Ainsi, d'après la table générale donnée plus haut, pour 100000 naissances, on compterait 77528 enfans d'un an, 70536 de deux ans, 66531 de trois ans, et ainsi de suite; et l'ensemble de tous ces individus formerait la population totale, qui s'élèverait, d'après le même tableau, à 3,264,073 âmes. Si l'on retranche alors successivement de cette somme le nombre des naissances, le nombre des individus de 1 an, de

(1) On pourra consulter avec avantage sur les recensemens quelques écrits récemment publiés : *Census of the population*, par M. Babbage, Édimb. review n° XCVII; *Letter to his grace the duke of Hamilton and Brandon, respecting the parochial Registers of Scotland*, par M. J. Cleland. Glasgow, 1834, in-8°. Notes de M. le baron de Keverberg, faisant suite aux *Recherches sur la population, les naissances, les décès, etc., en Belgique*.

2 ans, etc., le reste exprimera le nombre des survivans de ces différens âges. On formerait de cette manière une table de population; mais pour la rendre comparable à celle qui a été obtenue directement par le recensement, il convient de prendre aussi 100,000 pour base, au lieu de 3,264,073, et de réduire proportionnellement tous les autres nombres. C'est ainsi que la table suivante a été obtenue indirectement au moyen de la table de mortalité, et en supposant la population stationnaire. Elle se trouve en regard de la table de population obtenue directement par le recensement et telle qu'elle a été donnée plus haut, mais sans conserver la distinction des lieux et des sexes. On pourra juger des écarts que présentent ces tables.

	TABLE DE POPULATION POUR LA BELGIQUE,				
AGE.	DÉDUITE de la table de mortalité.	OBTENUE directement par le recensement.	AGE.	DÉDUITE de la table de mortalité.	OBTENUE directement par le recensement.
0	100000	100000	67 ans	6404	4868
1 an.	96937	97214	69	5194	3951
2 ans	94562	94446	71	4116	3041
3	92401	91962	73	3179	2418
4	90361	89489	75	2379	1820
5	88400	87034	77	1724	1288
6	86487	84648	79	1205	884
8	82768	80274	81	316	543
10	79143	76138	83	530	358
12	75590	72314	85	327	222
14	72094	68657	87	190	127
16	68648	64707	89	104	72
20	61932	57854	90	76	50
25	53952	49323	91	55	33
30	46506	41047	92	39	25
35	39524	33673	93	27	18
40	32992	27639	94	19	13
45	26908	22283	95	12	9
50	21289	17471	96	8	6
53	18154	14488	97	4	4
56	15220	12039	98	2	2
59	12495	9899	99	1	1
62	9993	7811	100 et au-des.	1	1
65	7746	6058			

La table de population déduite de la table de
mortalité donne des résultats qui sont généralement plus forts que ceux de la table obtenue

directement par le recensement. Ainsi, elle indique que, dans une population de 100,000 ames,
il y aurait 53,952 individus qui ont plus que
25 ans, et l'autre table donne seulement 49,323
individus ayant plus que cet âge. D'où peut provenir cette différence, et comment convient-il
de l'expliquer?

Selon plusieurs auteurs distingués qui ont écrit
sur cette matière, il suffirait, comme nous l'a-
vons dit plus haut, qu'une population fût *stationnaire*, c'est-à-dire que le nombre des naissances annuelles fût à peu près égal à celui des
décès et constant (1), pour pouvoir déduire la
table de la population de celle de la mortalité.
Nous observerons à cet égard qu'il suffira sans
doute, dans le plus grand nombre de cas, que la
population soit stationnaire; mais cette seule
condition ne suffit pas: il faut de plus qu'à chaque
âge corresponde annuellement le même nombre
de décès, afin que la proportion des survivans
reste aux différentes époques de la vie à peu près
invariablement la même, et que les nombres
consignés dans les tables de mortalité de chaque
année se reproduisent à peu près identiquement.

(1) Lacroix, *Traité élémentaire du calcul des probabilités,* page 210, 1833.

Pour faire sentir la nécessité de cette condition, supposons qu'on forme une table de mortalité d'après une période triennale pendant laquelle la population aurait été stationnaire ; et supposons de plus que, par une cause quelconque, la mortalité ait frappé de préférence, pendant cette période, les individus de cinquante ans, en épargnant par compensation ceux qui venaient de naître, puis que tout se rétablisse dans l'ordre accoutumé. Il arrivera que la table de population qu'on déduira de cette table de mortalité ne représentera pas véritablement l'état habituel des choses ; elle indiquera, pour cinquante ans, une population trop forte, et pour les enfans en bas âge une population trop faible.

On vient de voir qu'une population peut être stationnaire sans qu'on puisse déduire de sa table de mortalité, calculée pour un certain nombre d'années, une table de population. Nous allons voir au contraire que ce calcul peut se faire sans inconvénient dans des circonstances où la population ne serait pas stationnaire. En effet, supposons une population stationnaire, et admettons de plus que les tables de mortalité aient offert annuellement des nombres identiquement les mêmes ; il est évident qu'en multipliant chacun de ces nombres par un rapport constant plus grand ou plus petit que l'unité, ces multiplications n'auront d'autre effet que de faire croître ou décroître dans le même rapport tous les nombres de la table de mortalité, et par suite ceux de la table de population (1).

---

(1) Quelques lignes de calcul feront mieux comprendre ce raisonnement. Désignons par les lettres

$$a, a', a'', a''', a^{iv}, a^v, \text{ etc.},$$

les décès observés de 0 à 1 an, de 1 à 2 ans, de 2 à 3 ans, etc. Désignons de plus par A, A', A'', etc., les nombres qu'on inscrit dans la table de mortalité à côté de 0 an, 1 an, 2 ans, 3 ans, etc., en sorte que

$$
\begin{aligned}
A &= a + a' + a'' + a''' + a^{iv} + \text{etc.},\\
A' &= \phantom{a +{}} a' + a'' + a''' + a^{iv} + \text{etc.},\\
A'' &= \phantom{a + a' +{}} a'' + a''' + a^{iv} + \text{etc.},\\
A''' &= \phantom{a + a' + a'' +{}} a''' + a^{iv} + \text{etc.},\\
&\text{etc.},
\end{aligned}
$$

on aura, pour les âges correspondans de la table de population,

$$
\begin{aligned}
\Sigma A &= A + A' + A'' + A''' + A^{iv} + \text{etc.},\\
\Sigma A' &= \phantom{A +{}} A' + A'' + A''' + A^{iv} + \text{etc.},\\
\Sigma A'' &= \phantom{A + A' +{}} A'' + A''' + A^{iv} + \text{etc.},\\
\Sigma A''' &= \phantom{A + A' + A'' +{}} A''' + A^{iv} + \text{etc.},\\
&\text{etc.};
\end{aligned}
$$

Si l'on multiplie maintenant par n chacun des nombres des décès, on aura pour les nombres de la table de mortalité

$$nA, nA', nA'', nA''', nA^{iv}, \text{ etc.},$$

et pour les nombres de la table de population

$$n\Sigma A, n\Sigma A', n\Sigma A'', n\Sigma A''', \text{ etc.}$$

De cette manière les bases seules des tables auront varié; or, la base que l'on emploie est tout-à-fait arbitraire : nous avons adopté pour base 100,000, afin d'avoir des nombres comparables entre eux et à ceux des autres tables. Ainsi, tout a pu se passer comme si l'on avait multiplié par un rapport constant chacun des nombres qui figurent dans les tables, tandis que réellement la population était croissante ou décroissante.

D'après ce qui vient d'être dit, on voit que *les conditions nécessaires pour qu'on puisse d'une table de mortalité déduire une table de population, sont que les décès de chaque âge conservent annuellement les mêmes rapports entre eux, que la population du reste soit stationnaire, croissante ou décroissante.*

En appliquant ce qui précède à ce qui concerne les tables de population données plus haut, on concevra que les différences qu'elles présentent ne proviennent pas seulement de ce qu'en Bel-

---

Mais, dans certains cas, on pourrait avoir $n > 1$, $= 1$, < 1, avec une population croissante, stationnaire ou décroissante ; dans l'un ou l'autre de ces cas, la table de population et la table de mortalité continueront à présenter les mêmes nombres pour les mêmes âges, si l'on prend la même base pour point de départ.

gique la population est dans un état de croissance, mais encore de ce que la mortalité n'a pas
frappé, chaque année, les mêmes âges dans les
mêmes proportions, et sans doute aussi de ce
que les années n'ont pas été également fécondes.
Il faut observer d'une autre part que, sous le
gouvernement français, certaines parties de la
population ont été décimées par les guerres, et
doivent présenter des vides.

III. *Les données relatives à la population peuvent-elles fournir des renseignemens sur la
prospérité d'un peuple?*

En cherchant à mesurer la prospérité des peuples, on a souvent fait usage du mouvement de
la population. La possibilité de parvenir à des
résultats satisfaisans, en suivant une pareille
route, mériterait sans doute d'être examinée
d'une manière approfondie. C'est une question
d'un haut intérêt; mais, je l'avoue, les données
seules de la population ne me paraissent pas
suffisantes pour la résoudre. Les influences locales, le climat, les habitudes, les institutions, etc.,
sont des élémens que l'on ne peut guère négliger en comparant un peuple à un autre : peut-
être le ferait-on avec moins de danger, en comparant un peuple à lui-même pour différentes

époques, pendant lesquelles ces élémens n'ont pas éprouvé de variations sensibles (1).

On pourrait s'exposer à des erreurs très graves, en ne tenant compte que du chiffre des mariages ou des naissances d'un pays. Car, s'il est vrai que le découragement porte quelquefois les malheureux à multiplier de plus en plus, comme en Irlande, et qu'une dégradation morale soit un très grand stimulant pour les mariages précoces (2), il peut arriver encore que la mortalité n'en fasse que de plus grands ravages; et l'un des fléaux les plus funestes pour un peuple, serait de voir ses générations se renouveler avec une rapidité qui ne permettrait pas de conserver les hommes utiles. Or, il arrive généralement que les naissances se trouvent réglées par les décès; c'est-à-dire que les pays qui produisent le plus

---

(1) Je reproduis ici, en grande partie, un Article que j'ai inséré dans la *Revue encyclopédique*, pour août 1830.

L'Académie des sciences morales et politiques, dans sa séance du 7 juin 1834, a mis au concours la question suivante : *Déterminer en quoi consiste et par quels signes se manifeste la misère en divers pays ; rechercher les causes qui la produisent.*

(2) *Voyez* un article de M. D'Ivernois inséré dans la *Bibliothèque universelle de Genève*, mars 1830.

d'enfans sont précisément ceux où la mortalité est la plus grande. Quand la production se fait au-delà des limites réglées par la prudence, il paraît que c'est la partie la plus faible de la population qui est la première à s'en repentir; de sorte que l'excédant de la population passe successivement du berceau dans la tombe. Si le chiffre des naissances pouvait donc être utile pour montrer le degré de prospérité d'un peuple, ce serait plus particulièrement en le considérant dans ses relations avec la mortalité. Mais, comme je l'ai dit, le chiffre seul des naissances me paraît absolument insuffisant.

J'aurais plus de confiance dans le chiffre des décès, surtout s'il ne s'agit que d'établir une mesure par laquelle on puisse s'assurer si une population a atteint ou dépassé les limites qu'elle ne saurait franchir sans se condamner au *paupérisme*. M. d'Ivernois a fort bien montré (1) l'utilité dont il peut être sous ce rapport, et l'on doit désirer la publication de l'ouvrage qu'il annonce sous ce titre : *De la Mortalité moyenne, envisagée comme* MESURE *de l'aisance et de la civilisation des peuples.* Cette mesure universelle, dit l'auteur, je me flatte de l'avoir trouvée dans

(1) *Bibliothèque universelle,* 1831.

le *chiffre mortuaire* des peuples, par où j'entends celui qui indique si la proportion des décès annuels, comparés au nombre total des vivans, augmente ou diminue. Peut-être aurait-on tort de préjuger des résultats; mais si l'on observe que cette mesure ne change pas dès que le total des vivans reste le même, ainsi que celui des décès, on peut avoir quelques craintes sur sa précision. Une population, en effet, peut rester numériquement la même de différentes manières, et présenter un nombre d'hommes utiles plus ou moins grand, sans que l'on puisse dire pour cela que son aisance demeure aussi la même. Par là, on estimerait en quelque sorte un enfant à l'égal d'un homme utile.

Pour n'en prendre qu'un seul exemple, si par une cause quelconque, la mortalité dans un pays florissant venait à frapper plus particulièrement les hommes utiles en épargnant les enfans, le nombre des décès et celui des naissances demeurant d'ailleurs le même, il arriverait infailliblement que cette population, après quelques années, se trouverait détériorée et aurait perdu beaucoup d'élémens de prospérité; cependant, la perte qu'elle aurait éprouvée n'aurait été nullement accusée par la mesure employée. Le chiffre mortuaire resterait le même, et un nombre considérable d'hommes utiles, qui produisaient pour leurs semblables, auraient été remplacés par des enfans improductifs.

On ne saurait nier, certainement, qu'il existe des relations très étroites entre le bonheur d'un pays et les mouvemens de sa population; le tout est de savoir comment les exprimer. Il me semble, à cet égard, qu'il y a une distinction importante à établir : on peut, en effet, envisager la question sous un double point de vue. On peut se proposer, en s'occupant d'un peuple, d'examiner quelles sont les années désastreuses, celles pendant lesquelles il a plus ou moins souffert; ou bien on peut rechercher d'une manière absolue quel est le nombre d'hommes utiles dont il peut disposer; en un mot, quelle est sa force, qui est aussi l'un des principaux élémens de sa prospérité. Dans le premier cas, le chiffre des décès pourra presque toujours être employé avec beaucoup de succès, car une année désastreuse est généralement accompagnée et suivie de privations nombreuses, même chez les peuples les plus favorisés, et les privations sont mortelles pour l'espèce humaine. Ainsi, quand on ne saurait pas que l'année 1817 a été une année de disette pour la Belgique et pour un grand nombre de pays, on le verrait sans peine par le nombre des décès qui a été plus grand que pour les années qui précèdent ou qui suivent. Cette mortalité plus grande s'est fait sentir aussi dans les dépôts de mendicité, où elle a presque été double de ce qu'elle avait été précédemment, de même que dans les hôpitaux et jusque dans les hospices des enfans trouvés.

Quant à la seconde manière d'envisager la question, j'ai cherché à faire comprendre pourquoi le chiffre seul des décès me paraît insuffisant. Il importe, en effet, de savoir non-seulement combien de décès donne une population, mais encore à quel âge ces décès ont lieu. Quelques écrivains ont employé, dans des estimations semblables, les uns, la durée de la vie moyenne; les autres, la durée de la vie probable; et ils ont cherché à établir leur appréciation d'après les changemens que subissait l'une ou l'autre de ces valeurs. Mais ici se présente un inconvénient à peu près semblable à celui que j'ai signalé d'abord : c'est que la durée de la vie probable comme aussi celle de la vie moyenne peuvent avoir une même valeur de différentes manières. Cet inconvénient se fait surtout sentir quand on emploie le nombre qui exprime la vie probable, puisqu'on ne considère, dans le fait, que l'époque à laquelle un certain nombre d'individus de même âge se trouve réduit de moitié : et l'on n'exprime pas si ceux qui sont morts les premiers, ont pu se rendre utiles pendant un temps plus ou moins long; on n'établit également rien à l'égard de ceux qui survivent.

En prenant le chiffre qui exprime la vie moyenne ou la moyenne des âges auxquels sont parvenus un certain nombre d'individus que l'on suppose nés en même temps, on donne aussi la même valeur à une année de la vie d'un enfant qui vient de naître et à celle de la vie d'un homme dont les travaux sont profitables à la société.

Il est une difficulté qui se lie aux précédentes et qui mérite une attention particulière, parce qu'à sa solution se rattachent des considérations assez importantes et qui intéressent à un haut point la statistique et l'économie politique. M. d'Ivernois, dont les travaux ont si bien servi ces deux sciences, avait bien voulu appeler mon attention sur cette difficulté et me demander mon avis sur ce point délicat : il s'agissait de savoir si deux peuples qui auraient, pour rapports des naissances et des décès précisément les deux mêmes chiffres, ne pourraient pas avoir deux vies moyennes différentes, en raison de la différence éventuelle dans l'ordre de la mortalité pour l'âge de leurs décédés (1).

_____

(1) En insérant ma réponse dans la *Bibliothèque uni-*

Supposons, pour plus de simplicité, un peuple ayant, chaque année, le même nombre de naissances et le même nombre de décès ; et examinons si la vie moyenne ne pourrait pas y varier d'une année à l'autre : cette question revient, au fond, à celle qui a été posée précédemment. Si l'on formait, d'après les décès d'une année, une table de mortalité, et qu'on en déduisît la durée de la vie moyenne, on trouverait, je suppose, 30 ans exactement. L'année d'après, si la mortalité a lieu de la même manière et dans les mêmes proportions, la durée de la vie moyenne sera encore de 30 ans. Mais si, dans la liste des décès de cette seconde année, on substitue un enfant d'un an à un homme de quarante ans, ce qui ne changera en rien le chiffre proportionnel des naissances, ni des décès, on trouvera cependant en tenant compte de l'enfant substitué à l'homme fait, que la vie moyenne en deviendra un peu plus courte, puisque la somme des années vécues sera devenue moindre de 30 ans. Nous voyons déjà que, si les tables de mortalité et la durée de la vie moyenne n'étaient calculées que d'après les observations de cette

verselle de *Genève*, mars 1834, M. D'Ivernois annonce qu'il était arrivé aux mêmes conclusions que moi, et qu'il venait de recevoir de M. Villermé des résultats semblables.

année, elles ne pourraient offrir identiquement les mêmes résultats que pour la première année. La vie moyenne serait plus *courte*, et cependant il est évident que la société aurait gagné, puisqu'elle aurait conservé un homme utile au lieu d'un enfant.

On conçoit que si, au lieu d'une seule substitution semblable, il s'en faisait un grand nombre, la vie moyenne, calculée d'après les décès de cette année, se trouverait diminuée d'une manière très sensible; et néanmoins on aurait lieu de s'en réjouir, ce qui, au premier abord, paraît un paradoxe. Dans le fait, on aurait conservé des années très utiles à l'état, en échange contre des années qui lui sont coûteuses.

Mais on objectera que ces 39 années ne sont pas perdues pour la somme des années vécues, et que l'individu de 40 ans qui a été remplacé, allongera plus tard, en mourant, la vie moyenne, de toute la durée dont il l'a raccourcie lors de sa substitution; et en effet, si la période de temps d'après laquelle on calcule la vie moyenne, s'étend assez pour comprendre le décès de l'individu en question, il est évident que cette dette de 39 années n'a été que différée, et que la masse des années vécues ne s'en trouve pas frustrée. Ainsi, la vie moyenne reste la même; mais il est toujours vrai de dire qu'alors même il y a eu bénéfice pour la société, puisque, pendant un temps plus ou moins long, des années utiles ont été mises à la place d'années coûteuses.

Si par un concours de circonstances que semble devoir amener la civilisation, il se fait des substitutions semblables à celle qui vient d'être signalée, non pas pour une année seulement, mais pour plusieurs, et que cet état de choses aille croissant, on conçoit qu'il deviendra impossible, en conservant les mêmes nombres proportionnels de naissances et de décès, de conserver la même vie moyenne : elle devra diminuer. Cependant comment se fait-il que des résultats si extraordinaires ne s'observent pas? C'est, je crois, que les substitutions ne sont jamais assez nombreuses, ni leur durée assez longue, pour laisser des traces sensibles au milieu des autres élémens influens.

Ceci nous apprend cependant combien il faut être en garde contre les inductions qu'on pourrait tirer de la vie moyenne, calculée d'après *peu* d'années d'observation, et chez un peuple qui est en progrès ou en décadence. En étendant les raisonnemens précédens, on arrive sans peine à ces conclusions :

1° Un peuple peut avoir annuellement pour nombres proportionnels des naissances et des décès, exactement les mêmes chiffres, sans que pour cela la vie moyenne reste la même.

2° Quand, toutes choses égales, la mortalité épargne les hommes faits et frappe les enfans, la durée de la vie moyenne diminue, *et vice versâ*, bien entendu si l'on calcule la vie moyenne sur l'âge des décédés.

3° Les chiffres des naissances, des décès et de la vie moyenne peuvent conserver la même valeur, tandis que dans le fait, la population éprouve de grandes pertes ou reçoit de grands avantages qui restent masqués.

4° Pour estimer convenablement ce qu'une population gagne ou perd, il est nécessaire, en faisant la répartition des années, pour établir la vie moyenne, de tenir compte de la *qualité* de ces années et d'examiner si elles sont *productives* ou non.

Lorsqu'il s'agit, par exemple, d'estimer les forces dont un état peut disposer, en considérant, comme on l'a fait, le problème sous son point de vue purement physique, il me semble que le chemin le plus sûr serait de comparer numériquement les hommes utiles à ceux qui ne le sont pas. Les élémens de comparaison devraient, dans ce cas, être puisés dans les tables de mortalité ou mieux dans des tables de population bien faites; et il faudrait chercher combien, sur un nombre donné d'individus, il se trouve d'enfans hors d'état de se rendre utiles, et combien d'hommes en âge de contribuer au bien-être général; on pourrait partager une population en deux parties, l'une ayant moins, l'autre ayant plus de quinze ans. Je suppose ainsi, il est vrai, que l'homme ne peut pas se rendre plus utile à 30 ou 40 ans qu'à 16 ou 80; mais c'est un inconvénient qu'on trouve aussi dans les autres méthodes d'appréciation, et qu'on pourrait faire disparaître, d'ailleurs, en attribuant plus d'importance à certaines années de la vie qu'à d'autres, si une extrême exactitude ne devenait illusoire en pareil cas. Pour nous faire d'abord une idée un peu exacte de la manière dont les populations se composent, j'ai réuni ici les données les plus exactes que j'ai pu recueillir pour quelques-uns des principaux pays qui ont été considérés précédemment ; on trouvera indiqués séparément les nombres relatifs aux deux catégories que j'ai établies entre les individus productifs et ceux dont l'entretien peut être considéré comme une charge pour la société.

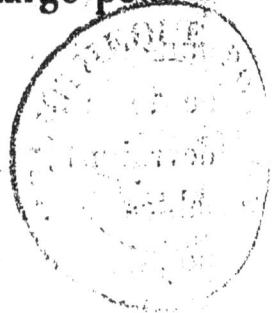

523

AGES.	Grande-Bret. 1821. Marshall.	Irlande, 1821. Marshall.	Angleterre 1821. Marshall.	Angleterre et p. de Galles 1813 à 1830. Rickman.	France avant 1789. Annuaire.	Belgique 1829. Annuaire.	Suède 1820. Marshall.	États-Unis 1830. Marshall.
Au-dessous de 5 ans.	1647	1535	1472	1487	1201	1297	1307	1800
5 à 10	1385	1355	1300	1307	981	1089	1010	1455
10 à 15	1209	1218	1119	1114	939	946	894	1243
15 à 20	1046	1219	1000	992	897	883	899	1112
20 à 30	1558	1760	1583	1574	1638	1680	1711	1781
30 à 40	1180	1150	1176	1181	1404	1341	1362	1091
40 à 50	878	771	931	934	1161	1017	1087	688
50 à 60	545	600	663	659	892	793	855	430
60 à 70	348	273	460	456	577	604	586	253
70 à 80	160	96	227	228	255	279	240	110
80 à 90	40	23	62	63	50	66	41	31
90 à 100	3,4	3	5,5	5	4,8	4,9	1	4
Au-dessus de 100	0,1	0,5	0,3	0,2	0,2	0,1	0	0,2
Au-dessous de 15 ans.	4241	4108	3891	3908	3121	3332	3211	4498
Au-dessus.	5758,5	5895,5	6105,8	6092,2	6879	6668	6782	5500,2
Rapport.....	1,36	1,43	1,57	1,56	2,20	2,00	2,11	1,22

Les résultats de ce tableau, quoique pouvant être en quelque sorte prévus, m'ont cependant singulièrement surpris. Je ne m'attendais pas, je l'avoue, à trouver une différence aussi grande entre les nombres de la France, de la Belgique et de la Suède, et ceux de l'Angleterre et des États – Unis. Dans les premiers pays la population adulte est double de l'autre, tandis que, dans les seconds, elle ne l'excède que d'un quart ou d'un tiers. Les États-Unis surtout paraissent être dans des conditions extrêmement défavorables, puisqu'ils sont de tous les pays que nous considérons, celui qui offre le moins d'adultes dans sa population.

La grande disproportion qui vient d'être signalée tient surtout à l'accroissement rapide de population qu'ont pris l'Angleterre et les États-Unis dans ces derniers temps; la plupart des individus provenant de ce grand développement de fécondité, sont encore peu avancés dans la carrière de la vie, de sorte qu'il doit en résulter un nombre proportionnel plus grand d'individus non adultes. Le prodigieux accroissement de population que l'on remarque aux États-Unis, date d'un peu plus de 30 ans; aussi l'on voit que le nombre des individus qui ont moins que cet âge, est comparativement bien supérieur à celui des autres pays. Il en est de même pour l'Angleterre et l'Irlande, en remontant de 20 à 30 ans ; la Suède, la France et la Belgique au contraire présentent des populations qui ont eu des accroissemens peu rapides et qui peuvent ainsi représenter assez bien la proportion des adultes dans des temps ordinaires.

Je ne pense pas que jusqu'à présent, on ait eu suffisamment égard au grand nombre d'enfans que jette dans un pays un accroissement trop rapide de population, et à la valeur intrinsèque moins grande que cette population en reçoit momentanément ; ce qui doit faire un obstacle très puissant à un développement ultérieur. En France, en Belgique et en Suède, par exemple, sur trois habitans il en est au moins deux en état de produire, tandis qu'aux États-Unis, un seul habitant doit produire pour deux, ou plus exactement six doivent produire pour onze.

En résumé, c'est la production qui règle la *limite possible* des habitans que peut avoir un pays. La civilisation resserre cette limite et tend à augmenter la part des produits qui revient à chaque individu, de manière à augmenter son bien-être en assurant ses moyens d'existence. Quant à la médecine, elle se borne à fermer certaines portes qui conduisent au tombeau, mais pour en élargir d'autres ; car elle ne pourrait augmenter la liste des vivans qu'en faisant vivre les surnuméraires aux dépens de la société. Esculape lui-même ne pourrait, par son art, donner l'immortalité à la moitié des hommes qu'en les condamnant à ne point se reproduire, à moins de doubler la mortalité de l'autre moitié, ou de porter la production au point de fournir aux nouveaux besoins qu'il aurait fait naître. Ce serait néanmoins méconnaître les immenses services que la médecine a rendus à l'humanité, que de nier qu'elle soit parvenue à allonger la vie moyenne des hommes; mais cette belle conquête, due aux progrès des lumières, ne peut être maintenue que par les lumières et la prévoyance des hommes qui préviennent par le célibat de nouvelles naissances et une nouvelle pâture à la mort (1). Quand il ne survient pas de changement brusque, la nature prélève annuellement sur nous un même tribut de décès, auquel chacun de nous cherche le plus possible à se soustraire; chacun veut être du nombre des

(1) En allongeant la vie moyenne, les sciences médicales substituent des années utiles à des années improductives. L'homme fait a une carrière plus longue, produit davantage et la société doit alimenter moins d'enfans; de sorte que les sciences médicales, sous ce rapport, augmentent véritablement la production et elles rendent un nouveau service. Cette remarque m'a été faite par un ami, et je la consigne ici parce que je la crois fondée.

privilégiés ; mais cette espèce de fraude a moins pour effet de diminuer l'impôt que de le faire porter sur des voisins peu favorisés par leur position sociale (1).

La vie moyenne, si l'on pouvait l'obtenir toujours avec exactitude, donnerait donc une mesure de la prévoyance et de l'état hygiénique d'un pays ; la consommation de l'habitant donnerait celle de la civilisation et des exigences du climat ; et le nombre proportionnel des habitans, en tenant compte de cette dernière mesure, donnerait celle qui représente la production (2).

---

(1) M. Villermé m'a fait observer, pendant l'impression de cet ouvrage, qu'il a avancé aussi la même idée, mais sous une autre forme, dans son travail sur les épidémies.

(2) M. Chitti, qui fait consister l'*économie sociale* à obtenir le plus d'utilité possible, avec le moins de travail possible, a donné, pour la richesse, la mesure suivante : « Le degré de la richesse d'un peuple, de même que la richesse d'un individu, est indiqué par le rapport entre la somme des besoins et la somme des utilités qu'il possède pour les satisfaire. (*Cours d'économie sociale au Musée de Bruxelles*, 3ᵉ lecture.)

FIN DU PREMIER VOLUME.

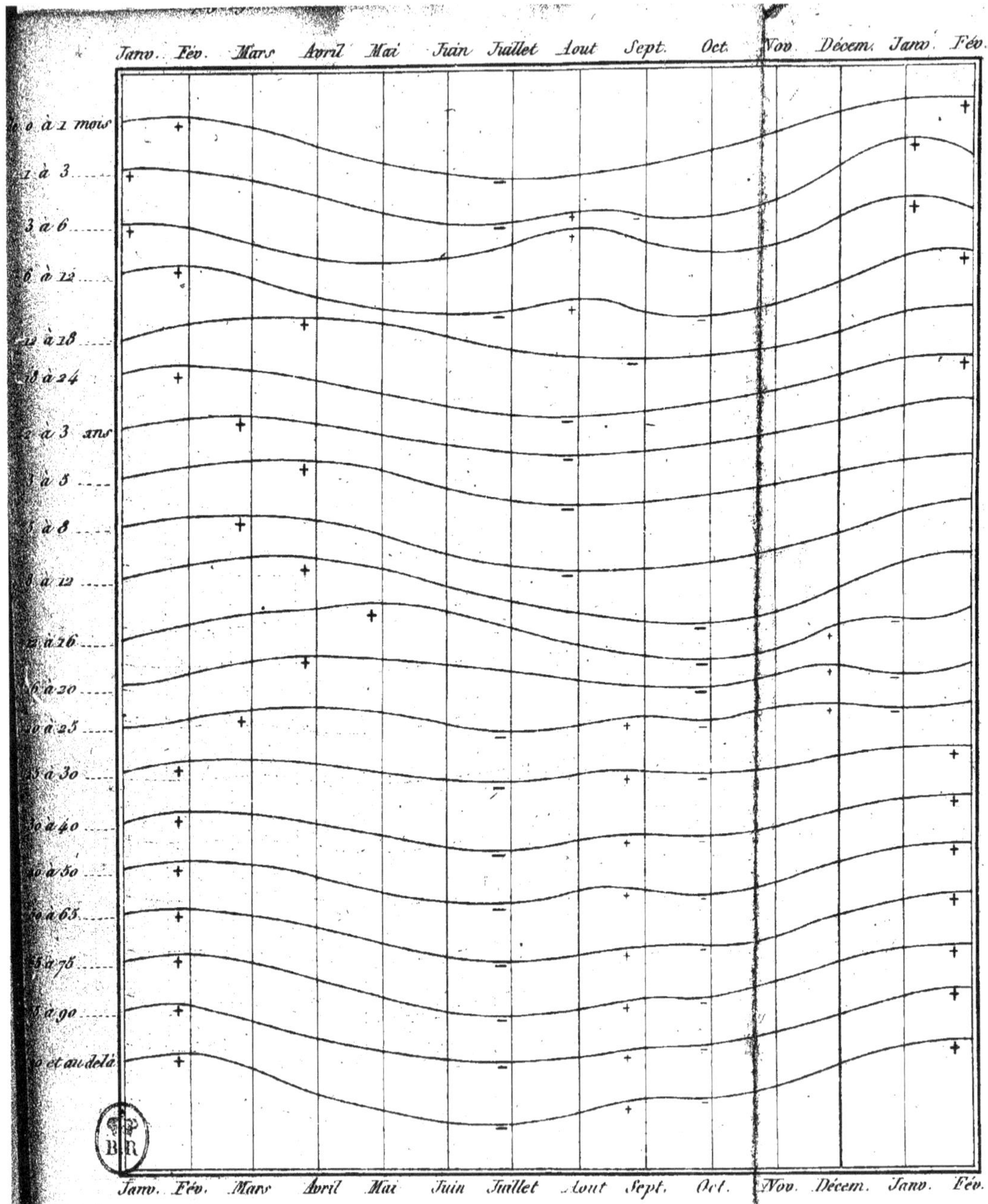
Janv. Fév. Mars Avril Mai Juin Juillet Aout Sept. Oct. Nov. Décem. Janv. Fév.
0 à 1 mois
1 à 3
3 à 6
6 à 12
12 à 18
18 à 24
2 à 3 ans
3 à 5
5 à 8
8 à 12
12 à 16
16 à 20
20 à 25
25 à 30
30 à 40
40 à 50
50 à 65
65 à 75
75 à 90
90 et au delà
Janv. Fév. Mars Avril Mai Juin Juillet Aout Sept. Oct. Nov. Décem. Janv. Fév.

Lignes indiquant la mortalité de chaque mois, pour les différens âges.

Pl. 2.

Courbe indiquant la viabilité aux différens âges, page 172

Force des Mains

Force des Reins

Tomo II. page 78

Tomo II page 70

Courbes indiquant la force des Mains et des Reins

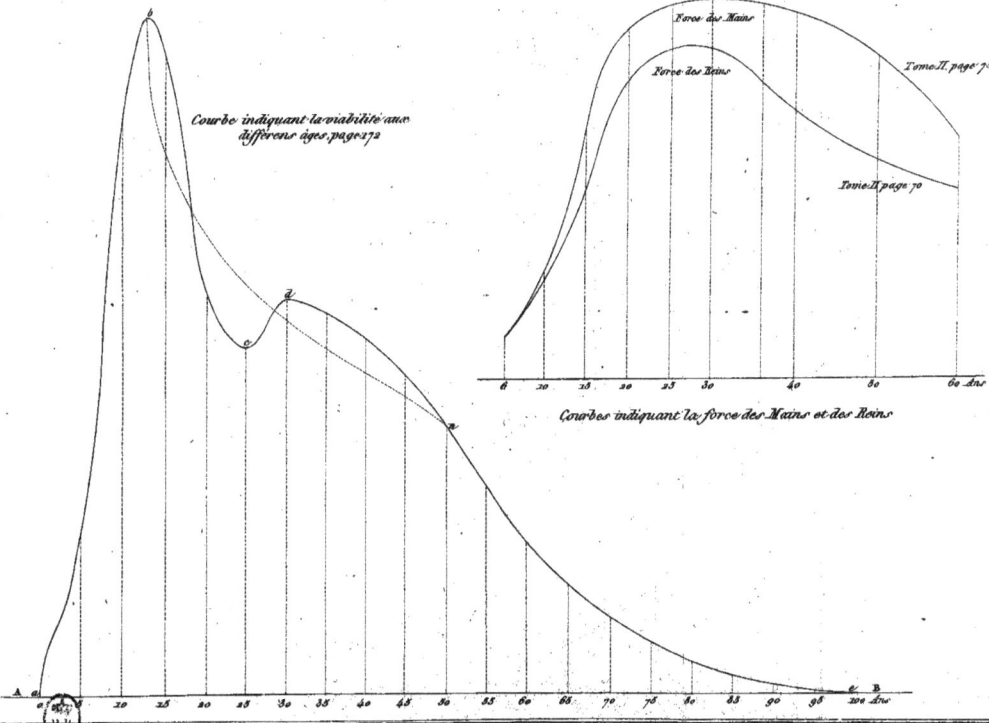

A a.

b.

c.

d.

e.

e. B

10 15 20 25 30 40 50 60 *Ans*

10 15 20 25 30 35 40 45 50 55 60 65 70 75 80 85 90 95 100 *Ans*

Défauts constatés sur le document original

Contraste insuffisant ou différent, mauvaise qualité d'impression

Under-contrast or different, bad printing quality

www.ingramcontent.com/pod-product-compliance
Lightning Source LLC
Chambersburg PA
CBHW071345280326
41927CB00039B/1726